AF192737

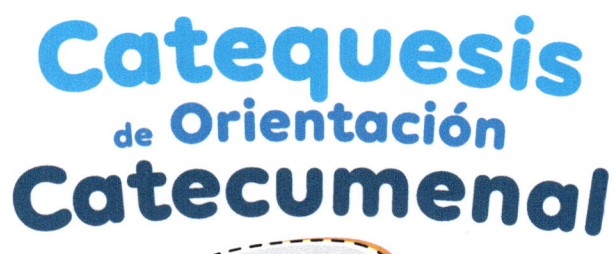

Catequesis de Orientación Catecumenal

JUNIOR

Los autores

José Antonio Abad

Ha dirigido muchos años el Secretariado Diocesano del Catecumenado de Burgos. Es autor de diversos libros de liturgia y de artículos sobre el catecumenado y director del Diccionario del *Agente de Pastoral Litúrgica*. Ha dedicado su vida a la docencia de la Liturgia y de la Eucaristía en la Facultad de Teología del Norte de España, sede de Burgos.

Pedro de la Herrán

Es doctor en Filosofía y licenciado en Derecho Civil. Fue el iniciador del Departamento de Pedagogía Religiosa de la Facultad de Teología de la Universidad de Navarra. Es autor de numerosos textos de enseñanza religiosa escolar y de catequesis.

Colaboradores

Daniel Suárez · Beatriz Méndez-Villamil

José María Caño · Jesús Azcárate

"Hemos redescubierto que en la catequesis tiene un rol fundamental el primer anuncio o «kerygma», que debe ocupar el centro de la actividad evangelizadora"
(Papa Francisco EG n. 164)

"El modelo de toda la iniciación cristiana es el catecumenado de adultos. Por tanto, la iniciación cristiana de los niños ha de hacerse según este esquema de ideas y modelos: etapas, ritos, procesos"
(Mons. José Rico Pavés. Obispo de Jerez de la Frontera)

"El catecumenado también puede inspirar la catequesis de aquellos que, a pesar de haber ya recibido el don de la gracia bautismal, no disfrutan efectivamente de su riqueza. Estas personas pueden ser llamadas cuasi catecúmenos: cf. CT 44"
(Nuevo Directorio para la Catequesis, n. 61. III-2020)

"La catequesis familiar debe preceder, acompañar y enriquecer cualquier otra forma de catequesis"
(Juan Pablo II, CT, 68)

Nihil obstat
Arzobispado de Burgos · 24 de junio de 2020 · Ildefonso Asenjo Quintana

Catequesis de Orientación Catecumenal Junior · Nivel 2
© José Antonio Abad, Pedro de la Herrán, 2020
© Ediciones Palabra, S.A., 2025
Ronda del Caballero de la Mancha, 59 – 28034 Madrid
Telf.: (34) 91 350 77 20 – (34) 91 350 77 39
www.palabra.es
palabra@palabra.es
ISBN: 978-84-1368-491-8
Depósito legal: M-19.278-2025
Diseño y maquetación: Pablo Larrocha // Ilustraciones de inicio de Encuentros: Mariola Boes // Fotografías y recursos: Shutterstock.es · Freepik.com
Impreso en España-Printed in Spain

www.edicionesdya.com

En las últimas décadas, tras el Concilio Vaticano II, han proliferado los instrumentos al servicio de la catequesis. Junto a los catecismos han aparecido guías, materiales complementarios, recursos catequéticos, etc., orientados cada vez con más precisión al desarrollo de la acción catequética. Bien sabemos que los libros solos "no hacen la catequesis", pero pueden ser una gran ayuda. La obra que aquí se presenta, con el título "Catequesis de orientación catecumenal", responde muy bien a las exigencias del momento presente en la transmisión de la fe: puede ser utilizada en el ámbito de la familia, de la parroquia, de la escuela o de los movimientos eclesiales; tiene en cuenta la actual situación de secularización y da prioridad al testimonio evangelizador; ofrece un planteamiento catecumenal de la iniciación cristiana con un programa que mira al itinerario completo para llegar a ser cristianos y no a la sola recepción de un sacramento; y, algo muy importante, no suplanta el catecismo oficial de la Conferencia Episcopal Española "Jesús es el Señor", sino que remite a su enseñanza ayudando a poner en ejercicio las cuatro dimensiones que deben estar siempre presentes en la catequesis (confesión de la fe, celebración, compromiso y oración).

Por todo ello, felicito de corazón a los autores don Pedro de la Herrán y don José Antonio Abad, veteranos expertos en las tareas catequéticas, y a los demás miembros del equipo de redacción.

+ José Rico Pavés
Obispo de Jerez de la Frontera.
Presidente de la Comisión Episcopal para la Evangelización,
la Catequesis y el Catecumenado de la CEE.

Índice

PROYECTO "CATEQUESIS DE ORIENTACIÓN CATECUMENAL"

Justificación del proyecto

Las siguientes palabras del Papa Francisco en su Ex. Ap. *Evangelii Gaudium* pueden servirnos de marco para presentar y justificar la necesidad y actualidad de este proyecto; la cita es larga pero no tiene desperdicio:

Hemos redescubierto que en la catequesis tiene un rol fundamental el primer anuncio o «kerygma», que debe ocupar el centro de la actividad evangelizadora y de todo intento de renovación eclesial (…). En la boca del catequista vuelve a resonar siempre el primer anuncio: «Jesucristo te ama, dio su vida para salvarte, y ahora está vivo a tu lado cada día, para iluminarte, para fortalecerte, para liberarte». Cuando a este primer anuncio se le llama «primero», eso no significa que está al comienzo y después se olvida o se reemplaza por otros contenidos que lo superan. Es el primero en un sentido cualitativo, porque es el anuncio principal, ese que siempre hay que volver a escuchar de diversas maneras y ese que siempre hay que volver a anunciar de una forma o de otra a lo largo de la catequesis, en todas sus etapas y momentos (…).

La centralidad del kerygma demanda ciertas características del anuncio que hoy son necesarias en todas partes: que exprese el amor salvífico de Dios previo a la obligación moral y religiosa, que no imponga la verdad y que apele a la libertad, que posea unas notas de alegría, estímulo, vitalidad, y una integralidad armoniosa que no reduzca la predicación a unas pocas doctrinas a veces más filosóficas que evangélicas (Papa Francisco, E. G. nn. 165-167).

Estas importantes orientaciones del papa Francisco han guiado todo nuestro proyecto.

Una catequesis de orientación catecumenal

Sin duda, la publicación del **nuevo Directorio General de catequesis (2020)** va a incidir aún más en la revisión de la *catequesis tradicional*, que primaba la trasmisión de conocimientos religiosos según un modelo escolar; ya se están difundiendo nuevos métodos en los que, junto a los contenidos, se habla de etapas, ritos, testimonios, práctica cristiana.

En una reciente Jornada Nacional del Catecumenado, monseñor José Rico Pavés, obispo auxiliar de Getafe y miembro de la Comisión Episcopal de Evangelización, Catequesis y Catecumenado, decía en sus palabras de clausura: "El modelo de toda la iniciación cristiana es el catecumenado de adultos. Por tanto, la iniciación cristiana de niños ha de hacerse según este esquema de ideas y de modelos (catecumenales): etapas, ritos, procesos". Y concluía con estas palabras: "Estamos en una nueva Iglesia: no de cristiandad sino de *evangelización y misión*. Hay que mirar al futuro y no al pasado".

El nuevo Directorio General de Catequesis apuesta claramente a favor de este modelo catequético.

¿A quiénes se dirige este Proyecto?

El proyecto "Catequesis de Orientación Catecumenal" se dirige a una gama amplia de personas a partir de la preadolescencia:

- Chicos y chicas en edad catequética que **comienzan su iniciación cristiana** y que al final desean recibir los sacramentos del Bautismo, Confirmación y Eucaristía.

- Chicos y chicas que **completan su iniciación cristiana** y que al final recibirán el sacramento de la Confirmación y la Eucaristía.

- Chicos y chicas que desean **conocer mejor a Jesucristo**, mejorar su formación cristiana y fundamentar mejor sus convicciones religiosas.

Le hemos dado el calificativo de **"Junior"** porque esas inquietudes, esa necesidad de amar y de ser amado afloran normalmente en la etapa de la adolescencia. Hay una frase en el libro *Camino* que sintetiza muy bien cuál es el objetivo principal de estas catequesis: "Que busques a Cristo. Que encuentres a Cristo. Que ames a Cristo" (San Josemaría Escrivá, Camino, 382). Si bien esa búsqueda no es exclusiva de la adolescencia, no cabe duda de que esta etapa es especialmente sensible al descubrimiento de la amistad y del amor.

Encuentro 1

DIOS CUMPLE SUS PROMESAS

🎯 **OBJETIVO** Descubrir que la promesa del Redentor se cumple con la Encarnación del Hijo de Dios

📙 **CATECISMO** "Testigos del Señor": tema 18, p. 106-109. Preguntas 44-49.

1. TERTULIA FAMILIAR

La familia García está compuesta de seis miembros: los abuelos, Encarna y Pablo; los padres, Ana y Gerardo; y sus dos hijos: Sonia y Nacho, de 14 y 13 años. Los dos hermanos asisten cada semana a la catequesis. Con frecuencia, después de cenar, suelen tener un rato de "tertulia familiar".
—¿Y qué os han dicho hoy en la catequesis?—le pregunta el abuelo Pablo a Nacho al comenzar la tertulia. Nacho responde con gran desparpajo:
—En la catequesis nos han preguntado cuántos años pasaron desde el pecado original hasta la venida de Jesús. Una niña dijo que quizás unos mil años... Entonces el catequista nos ha dicho que muchísimos más y nos ha mandado que lo investiguemos... ¿Tú sabes, abuelo, cuántos años fueron?
El abuelo soltó una sonora carcajada:
—¡Si lo supiera seguro que me daban el premio Nobel!

DIALOGAMOS

¿Hacemos algunos cálculos?

¿Hace cuántos años vino Jesús al mundo?

¿Y hace cuántos vivió Abraham?

¿Y hace cuántos viviría el primer ser humano?

La promesa que hizo Dios en el Paraíso se va a cumplir: Dios envía al arcángel Gabriel a una joven de Nazaret llamada María. Así lo cuenta el evangelio de San Lucas:

Lucas 1, 26-38. Dios envió al ángel Gabriel a una ciudad llamada Nazaret a una virgen llamada María, que estaba comprometida con un varón llamado José. El ángel entró donde estaba María y le dijo: -Dios te salve, llena de gracia, el Señor es contigo.

Al oír estas palabras, ella quedó turbada y se preguntaba qué podría significar aquel saludo.

El ángel le dijo: -No temas, María, porque has hallado gracia delante de Dios: concebirás en tu seno y darás a luz un hijo, y le pondrás por nombre Jesús. Será grande y será llamado Hijo del Altísimo. El Señor Dios le dará el trono de David, su padre. Reinará eternamente sobre la casa de Jacob y su Reino no tendrá fin.

María le dijo al ángel: -¿De qué modo será esto, pues no conozco varón? El ángel le respondió: -El Espíritu Santo descenderá sobre ti, y el poder del Altísimo te cubrirá con su sombra; por eso, el que nacerá Santo será llamado Hijo de Dios (…).

Dijo entonces María: -He aquí la esclava del Señor; hágase en mí según tu Palabra. Y el ángel se retiró de su presencia.

link

HÁGASE EN MÍ
[VIDEO LYRIC]

*Para abrir el enlace abre la cámara de tu móvil y apunta hacia el código QR. Dependiendo del móvil, puede que sea necesario descargar una App para leer códigos QR.

REFLEXIONAMOS

¿Qué significan las frases siguientes:

"Dios te salve, llena de gracia"
"¿Cómo será esto, pues yo no conozco varón?"
"El Espíritu Santo descenderá sobre ti".

3. ANALIZAMOS EL TEXTO

Qué dice el texto

Este texto nos dice algo de enorme importancia: se va a cumplir la promesa que hizo Dios en el Paraíso a Adán y a Eva de que no abandonaría a los hombres sino que enviaría un Salvador.

Incluso nos da bastantes detalles: nos dice el nombre de la Mujer elegida:

[_____] ;

el de su esposo

[_____] ;

que María tendrá un hijo, que será un descendiente de

[_____] ;

que el niño se llamará

[_____]

Y, sobre todo, nos dice cuál fue la respuesta de María: "He aquí la esclava del Señor; hágase en mi según tu palabra".

Y en ese mismo instante el Hijo de Dios SE ENCARNÓ en el seno de la Virgen María. Es lo que llamamos Misterio de la **ENCARNACIÓN**.

Qué me dice Jesús a mí

Dios me ha dado a conocer por medio de su Palabra el mensaje más importante que se ha escuchado jamás en el mundo: **Que Dios se hace Hombre y viene al mundo para salvarnos del**

[_____]

Y no sólo eso; además me dice que viene para establecer un Reino que ha de durar por toda la eternidad; **¿Qué Reino es ese?**

[_____]

Qué le puedo decir yo a Jesús

Quiero agradecer a tu Padre Dios el amor que me ha mostrado, al enviarme a su Hijo para que sea mi Salvador:

[_____]

¿Quiero dar gracias a la Virgen María por haber dicho que SÍ a Dios?

[_____]

RECUERDA

¿Con qué oración los cristianos recordamos los grandes Misterios de la Anunciación y de la Encarnación?

Rezamos juntos esa oración a la Virgen María.

(Tienes esta oración en la página 10)

4. TESTIGOS DE LA FE

BERNADETTE, nació en Lourdes el 7 de enero de 1844. De niña tuvo una salud muy delicada. El 11 de febrero de 1858 Bernadette Soubirous, que tenía 14 años, fue a recoger leña a un lugar llamado Massabielle.

Estando junto a una gruta oyó un ruido cercano. Al mirar hacia el interior de la gruta vio a *una bella señora* vestida con una túnica blanca y una faja azul. La Señora tenía en sus manos un rosario. Bernadette se arrodilló delante de la Aparición, sacó su propio rosario y lo comenzó a rezar. La Señora se apareció varias veces a Bernadette. En una de las apariciones la Virgen le dijo: *No te prometo hacerte feliz en esta vida, pero sí en la otra.*

En la aparición del 25 de marzo (fiesta de la Anunciación), Bernadette le preguntó: *Señora, ¿tienes la bondad de decirme quién eres?* Ella la miró sonriente y silenciosa; hasta que la vidente repitió por tercera vez la pregunta. Entonces la Señora respondió: *Soy la Inmaculada Concepción* (el dogma de la Inmaculada Concepción lo había definido el Papa recientemente). Bernadette nunca había oído esa expresión. El abate Peyramale, párroco de Lourdes, quedó impresionado al saberlo y jamás dudó de

que la Virgen María se había aparecido a Bernadette.

Años después Bernadette ingresó en la congregación de las Hijas de la Caridad. Su vida religiosa estuvo plagada de enfermedades que ella aceptaba para cumplir el encargo que le había dado la Santísima Virgen: *"ofrezco mis sufrimientos como penitencia por la conversión de los pecadores".* Hasta que por fin, musitando: *Ruega Señora por mí, por esta pobre pecadora,* entregó su alma a Dios. Tenía 35 años.

REFLEXIONAMOS

¿Qué significan las palabras que dijo la Virgen María a Berenadette? "Soy la Inmaculada Concepción"? ¿Por qué Bernadette, al escucharlas, no entendió su significado? ¿Y por qué el párroco de Lourdes no dudó de la veracidad de las apariciones?

5. CELEBRAMOS

La Oración del "Angelus":

Una antigua costumbre cristiana es saludar a la Virgen María a las doce del mediodía con la oración del *Angelus*. Con esta oración celebramos: la **Anunciación** del arcángel Gabriel a la Virgen María y la **Encarnación** del Hijo de Dios en sus purísimas entrañas.

Rezamos el Angelus a la Virgen María:

- El Ángel del Señor anunció a María,
- Y concibió por obra y gracia del Espíritu Santo. (Avemaría).

- He aquí la esclava del Señor.
- Hágase en mi según tu palabra. (Avemaría).

- Y el Verbo de Dios se hizo hombre.
- Y habitó entre nosotros. (Avemaría).

V. Ruega por nosotros, Santa Madre de Dios.
R. Para que seamos dignos de alcanzar las promesas de Nuestro Señor Jesucristo.

Oración:
Te suplicamos, Señor, que derrames tu gracia en nuestras almas para que los que, por el anuncio del Ángel, hemos conocido la Encarnación de tu Hijo Jesucristo, por su Pasión y Cruz seamos llevados a la gloria de su Resurrección. Por el mismo Jesucristo Nuestro Señor.
R. Amén.

link

Puedes seguir la letra de la canción "La Virgen sueña caminos".
© Editorial Casals.

LO QUE DEBES RECORDAR

> **¿Para qué se hizo hombre el Hijo de Dios?** *El Hijo de Dios se hizo hombre para salvarnos del pecado y darnos la vida divina.*

> **¿Quién es la Virgen María?** *La Virgen María es la Madre de Jesús y Madre nuestra, concebida sin pecado, que está en el cielo en cuerpo y alma.*

> **Qué son los misterios de la Anunciación, de la Encarnación y de la Inmaculada Concepción de María.**

6. CATEQUESIS EN FAMILIA

Estas actividades son para hacer conjuntamente los padres (o uno de ellos) con el hijo o la hija. No es difícil encontrar unos minutos para ayudarles en su formación cristiana.

CANCIÓN

link

Escuchamos la canción "La Virgen sueña caminos".
© Editorial Casals.

LETRA

Aprendemos la canción
"La Virgen sueña caminos"

La Virgen sueña caminos, está a la espera
La Virgen sabe que el niño, está muy cerca
De Nazaret a Belén hay una senda
Por ella van los que creen, en las promesas

Los que sueñan y esperan, la buena nueva
Abran las puertas al Niño, que está muy cerca
El Señor, cerca está; él viene con la paz
El Señor cerca está; él trae la verdad

En estos días del año, el pueblo espera
Que venga pronto el Mesías, a nuestra tierra
En la ciudad de Belén, llama a las puertas
Preguntan las posadas, y no hay respuesta

Los que sueñan y esperan la buena nueva
Abran las puertas al niño que está muy cerca,
El señor cerca está, Él viene con la Paz
El Señor cerca está, Él trae la verdad

La tarde ya lo sospecha: está alerta
El sol le dice a la luna, que no se duerma
A la ciudad de Belén, vendrá una estrella
Vendrá con todo el que quiera, cruzar fronteras

Los que sueñan y esperan, la buena nueva
Abran las puertas al Niño, que está muy cerca
El Señor, cerca está; él viene con la paz
El Señor cerca está; él trae la verdad.

SOPA DE LETRAS

H	S	A	M	A	R	I	A	E	B	A
X	O	R	C	V	Z	B	E	L	E	N
I	E	T	T	E	D	A	N	R	E	B
S	E	Ñ	O	R	P	A	V	X	G	K
N	A	Z	A	R	E	T	M	B	A	H
S	D	L	F	G	H	J	Z	H	B	F
Z	X	C	V	B	N	M	L	Ñ	R	E
G	H	K	V	A	L	T	Y	P	I	S
O	H	E	R	O	D	E	S	U	E	R
W	R	T	Y	U	I	O	P	B	L	N
A	N	G	E	L	U	S	R	I	O	S

1. El pueblo donde nació Jesús // 2. El lugar donde vivía la Sagrada Familia // 3. Significado del nombre "Jesús" // 4. Nombre que se da también a Dios // 5. Rey de Palestina en ese tiempo // 6. Nombre de la Mujer elegida por Dios // 7. Oración que se reza al mediodía // 8. Nombre del ángel que se apareció a María // 9. Santa a quien se apareció la Virgen María

LO QUE DEBES RECORDAR

Consulta esta actividad

Encuentro 2

EL SALVADOR NACE EN BELÉN

 OBJETIVO Agradecer a Dios que se haya hecho hombre por mí

📙 **CATECISMO** "Testigos del Señor": temas 18 y 19, p. 106-113. Preguntas 44-52.

PRIMERA PARTE

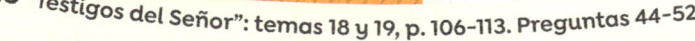

1. TERTULIA FAMILIAR

En la tertulia, hoy se ha hablado de la próxima Navidad. Sonia tenía algo que contar:

—¿Sabéis que en casa de Carla tienen un portal de Belén de figuras grandes que ocupa toda una habitación? Cada año lo instalan y, después de las fiestas, lo guardan.

La abuela Encarna intervino:

—¿Conocéis, niños, cómo nació la idea de colocar un "belén" al llegar la Navidad?

Nacho tomó la palabra como un rayo:

—Yo he leído en algún libro de Religión que la primera idea fue de un santo, pero no me acuerdo de su nombre...

Como casi siempre, el abuelo salió al quite:

—Sí, Nacho, la primera representación del Nacimiento del Niño Jesús en Belén fue idea de San Francisco de Asís.

—Eso, eso, exclamó Nacho muy contento.

DIALOGAMOS

¿Ponéis un "belén" o "nacimiento" en vuestras casas?
¿Os gusta esa costumbre cristiana?
¿Por qué?

 **Canción: "Niño lindo"** © Editorial Casals

 link

2. LEEMOS EL TEXTO BÍBLICO

Los textos que vamos a leer son de los más importantes de la Biblia, pues narran un suceso único en la Historia: el nacimiento del Hijo de Dios del seno purísimo de la Virgen María.

Lucas 2, 1-16:

Sucedió en aquellos días que salió un decreto del emperador Augusto, ordenando que se empadronase todo el Imperio. Este primer empadronamiento se hizo siendo Cirino gobernador de Siria. Y todos iban a empadronarse, cada cual a su ciudad. También José, por ser de la casa y familia de David, subió desde la ciudad de Nazaret, en Galilea, a la ciudad de David, que se llama Belén, en Judea, para empadronarse con su esposa María, que estaba encinta. Y sucedió que, mientras estaban allí, le llegó a ella el tiempo del parto y dio a luz a su hijo primogénito, lo envolvió en pañales y lo recostó en un pesebre, porque no había lugar para ellos en el mesón.

En aquella misma región había unos pastores que pasaban la noche al aire libre, velando por turno su rebaño. De repente un ángel del Señor se les presentó; la gloria del Señor los envolvió de claridad, y se llenaron de gran temor. El ángel les dijo: «No temáis, os anuncio una buena noticia que será de gran alegría para todo el pueblo: hoy, en la ciudad de David, os ha nacido un Salvador, el Mesías, el Señor. Y aquí tenéis la señal: encontraréis un niño envuelto en pañales y acostado en un pesebre». *De pronto, en torno al ángel, apareció una legión del ejército celestial, que alababa a Dios diciendo: «Gloria a Dios en el cielo, y en la tierra paz a los hombres de buena voluntad».*

Y sucedió que, cuando los ángeles se marcharon al cielo, los pastores se decían unos a otros:

«Vayamos, pues, a Belén, y veamos lo que ha sucedido y que el Señor nos ha comunicado».

Fueron corriendo y encontraron a María y a José, y al niño acostado en el pesebre.

> **GÁLATAS 4, 4–5:**
> Si hubiera tiempo, sería conveniente leer y comentar este texto de gran importancia teológica.

COMPLETA

José y María subieron desde _____ a una ciudad de Judea llamada _____

Al llegar a Belén le sobrevino a _____ el momento del _____

María envolvió al Niño en _____ y lo acostó en un _____

Había en aquella región unos _____ a los que se apareció un _____

3. ANALIZAMOS EL TEXTO

Qué dice el texto

Nos dice que José era descendiente del rey David y que por eso tenía que ir a Belén a empadronarse por ser esta la ciudad de David. Y José, lógicamente, viajó con su esposa María, que estaba encinta.

Y al llegar a Belén le llegó a María el tiempo del parto y dio a luz a su hijo primogénito, lo envolvió en pañales y lo recostó en un pesebre, porque no había lugar para ellos en el mesón. En este breve relato se encierra **el hecho más grande de la Historia: el nacimiento del Hijo de Dios que se hace hombre como uno de nosotros para salvarnos de nuestros pecados y devolvernos la condición de hijos de Dios.** ¿Podrías resumir en una frase la grandeza de este Misterio?

DIALOGAMOS

Qué me dice Jesús a mí

Dios me dice: *"Contempla despacio el Nacimiento de mi Hijo. Él es Dios como Yo y como el Espíritu Santo. ¿Por qué le envío al mundo? Porque os amo tanto a los hombres y a las mujeres del mundo que os doy a mi Hijo, a mi único Hijo, para que entregue su Vida por todos vosotros y así, Él que es inocente, pague por vuestros pecados, por los pecados de todos los hombres de todos los tiempos. Por los tuyos también"* (Cf. Juan 3, 16).

¿A qué te compromete ese Amor tan grande que te tiene Dios? Piénsalo y escríbelo:

Qué le puedo decir yo a Jesús

¿Qué le puedes tú decir a Jesús que te ama tanto que nace para salvarte de tus pecados y entregar su vida por ti?

 ¿Cómo explicarías a una persona no cristiana quién es Jesucristo?

¿En qué oración se recuerda el misterio de la Encarnación del Hijo de Dios?

El **PAPA FRANCISCO** nos invita a poner el "belén" cada Navidad.

En una Navidad reciente, el papa Francisco escribió una carta a los católicos sobre la costumbre tan arraigada de poner en nuestras casas el *belén* o *nacimiento*. Recordó que la tradición de poner "belenes" o "nacimientos" se remonta a san Francisco de Asís. Entre otras cosas, dijo: *La preparación del "pesebre" en nuestras casas nos ayuda a revivir la historia que ocurrió en Belén. Naturalmente, los evangelios son siempre la fuente que nos permite conocer y meditar aquel acontecimiento; sin embargo, su representación en el "belén" nos ayuda a imaginar las escenas, invita a sentirnos implicados en la historia de la salvación, contemporáneos de ese acontecimiento que se hace vivo y actual.*

El hecho de nacer Jesús en Belén (palabra hebrea que significa "Casa del pan") es un símbolo del Pan Eucarístico. En el heno del pesebre está acostado Aquél que dijo de sí mismo: "Yo soy el pan bajado del cielo" (Jn 6, 41), y que se nos da como alimento espiritual en la Eucaristía.

Tenemos la costumbre de poner en nuestros "belenes" muchas figuras simbólicas, sobre todo, las de mendigos y de gente que no conocen otra abundancia que la del corazón. Esta presencia de los pobres y de los sencillos en el "belén" nos ayuda a recordar que si queremos acoger a Dios hemos de sentirnos necesitados de su amor y ser pobres y sencillos de corazón, es un recordatorio para nosotros del hecho que Dios se ha hecho hombre para aquellos que más sienten la necesidad de su amor y piden su cercanía.

+ Francisco

LEE EL TEXTO Y RESPONDE

¿Qué significado tiene la palabra hebrea "Belén"?

¿Quién es ese Niño tan pobre que nace en Belén?

¿Quiénes fueron los primeros que acudieron a adorar al Niño?

5. CELEBRAMOS

El Prefacio de la Misa de Navidad
(Recitamos despacio y a coro este Prefacio, en actitud de oración).

En verdad es justo y necesario,
es nuestro deber y salvación,
darte gracias siempre y en todo lugar,
Señor, Padre santo,
Dios todopoderoso y eterno.

Porque gracias al misterio de la Palabra hecha carne, la luz de tu gloria brilló ante nuestros ojos con nuevo resplandor para que conociendo a Dios visiblemente,
Él nos lleve al amor de lo invisible.

Por eso, con los ángeles y los arcángeles
y con todos los coros celestiales,
cantamos sin cesar el himno de tu gloria:

Santo, Santo, Santo...

Leemos este texto del papa Francisco

"En nuestros "nacimientos" colocamos también figuras que no parecen tener mucha relación con los relatos evangélicos, como el herrero que trabaja en fragua o el panadero que saca los panes del horno(…) También aparecen las lavanderas lavando la ropa en el río y las mujeres que llevan cántaros de agua a sus casas (…). Tampoco faltan el carpintero haciendo puertas y ventanas, y la madre llevando de la mano a su hijo pequeño.

*La imaginación es grande, pero **con la representación de estas personas se nos habla de la santidad cotidiana, la alegría de hacer de manera extraordinaria las cosas de todos los días, cuando Jesús comparte con nosotros su vida divina**". (De una Carta del Papa Francisco sobre el "belén").*

> ¿Qué enseñanza nos quiere transmitir aquí el Papa Francisco?

LO QUE DEBES RECORDAR

> **Contar** *cómo la Sagrada Familia llegó al mesón de Belén y qué sucedió allí...*

> **¿Quién es Jesucristo?** *Jesucristo es el Hijo de Dios hecho hombre, que nació de la Virgen María por obra y gracia del Espíritu Santo. Es verdadero Dios y verdadero hombre.*

> **Explicar** *cuál es la finalidad de poner en nuestras casas el "portal de Belén".*

Estas actividades son para hacer conjuntamente los padres (o uno de ellos) con el hijo o la hija. No es difícil encontrar unos minutos para ayudarles en su formación cristiana.

CANCIÓN

Canción: "Niño lindo"
© Editorial Casals

link

SOPA DE LETRAS

Z	A	U	G	U	S	T	O	P
T	E	R	A	Z	A	N	G	A
S	A	L	V	A	D	O	R	S
B	M	U	W	S	G	N	B	T
E	X	Z	B	H	L	I	L	O
L	P	E	S	E	B	R	E	R
E	L	U	Q	J	M	I	I	E
N	Ñ	T	R	K	V	C	S	S

1. Pueblo donde vivía la Sagrada Familia
2. Emperador romano cuando nació Jesús
3. Pueblo en el que nació Jesús
4. Lugar donde la Virgen recostó a Jesús
5. Los primeros en adorar a Jesús
6. Misión que trae Jesús al mundo
7. Gobernador de Siria cuando nació Jesús
8. Lo que rodeó a los pastores al ver al ángel

ESCRIBE LA FRASE

ESCRIBE debajo correctamente la frase que aparece desordenada en este recuadro:

ES	EL	HOMBRES	LOS

JESÚS	DE	SALVADOR

- - - - - - - - - - - - - - - - - - - -

- - - - - - - - - - - - - - - - - - - -

LO QUE DEBES RECORDAR

Consulta esta actividad

Encuentro 3
JUAN EL BAUTISTA ANUNCIA AL MESÍAS

OBJETIVO Conocer la importancia del Bautismo de Jesús

 CATECISMO "Testigos del Señor": tema 17, p. 93-95. Preguntas 46 y 97.

PRIMERA PARTE

1. TERTULIA FAMILIAR

En la tertulia de anoche recordábamos la larga espera -¡tantísimos años!- hasta la llegada del Mesías Salvador al mundo. Fue Sonia la que planteó una nueva cuestión:

—¿Sabéis cuántos años vivió Jesús en Nazaret con la Virgen María y San José? Rápidamente intervino la abuela:

—Sonia, esa pregunta es muy fácil: fueron 30 años que forman la "vida oculta" de Jesús en Nazaret. Y ahora pregunto yo:

—¿Quién sabe por qué se llama a esos 30 años "vida oculta" de Jesús?

Nacho respondió rápido:

—Pues porque Jesús estuvo "como escondido" todos esos años.

Al abuelo aquello le hizo mucha gracia, pero quiso dejar las cosas claras:

—Bueno, Nacho, sería más exacto decir que Jesús durante esos largos años vivió una vida sencilla, corriente, sin ningún signo extraordinario, como cualquier otro niño o joven de Nazaret, ¿no te parece?

DIALOGAMOS

¿Cómo se llama el siguiente periodo de la vida de Jesús cuando predicó el Evangelio e hizo muchos milagros?

2. LEEMOS EL TEXTO BÍBLICO

Después de los 30 años de "vida oculta", Jesús se dirigió al río Jordán donde bautizaba Juan Bautista. Veamos tres textos de los Evangelios:

Marcos 1, 1-6: *Se presentó Juan en el desierto bautizando y predicando un bautismo de conversión para el perdón de los pecados. Acudía a él toda la región de Judea y toda la gente de Jerusalén. Él los bautizaba en el río Jordán y confesaban sus pecados. Juan iba vestido de piel de camello, con una correa de cuero a la cintura y se alimentaba de saltamontes y miel silvestre.*

Y Juan decía a la multitud:

Mateo 3, 11-12: *Yo os bautizo con agua para que os convirtáis; pero el que viene detrás de mí es más fuerte que yo y no merezco ni llevarle las sandalias. Él os bautizará con Espíritu Santo y fuego».*

El Bautismo de Jesús en el río Jordán fue así:

Marcos 1, 9-11: *Por aquellos días llegó Jesús desde Nazaret de Galilea y fue bautizado por Juan en el Jordán. Apenas salió del agua, vio rasgarse los cielos y al Espíritu Santo que bajaba hacia él como una paloma. Y se oyó una voz desde el cielo: "Tú eres mi Hijo amado, en ti me complazco.*

EL MISTERIO DE LA SANTÍSIMA TRINIDAD
En el Bautismo de Jesús se manifestó el Misterio de la Santísima Trinidad: **Dios Padre**, cuya voz dice: "Este es mi Hijo amado…". **Dios Hijo**, sobre el cual Juan Bautista derrama el agua. Y **Dios Espíritu Santo** que se manifestó en forma de paloma.

link

Canal YouTube Iglesia de Jesucristo

DIALOGAMOS

¿Necesitaba Jesús recibir el bautismo de Juan? ¿Por qué?
¿Por qué es importante el Bautismo de Jesús?
¿Qué Misterio se manifestó en ese día?

3. ANALIZAMOS EL TEXTO

Qué dice el texto

Mc 1, 1-6: Nos presenta a Juan Bautista como un hombre austero por su forma de vestir y de comer. Es un profeta que predica en el desierto junto al río Jordán. Y la gente acude a él para recibir un "bautismo de conversión".

¿El bautismo de Juan era como el que nosotros hemos recibido o vamos a recibir? ¿Por qué?

Mt 3, 11-12: Juan nos dice que él bautiza solo con agua, pero el que viene detrás de él bautizará con Espíritu Santo y con fuego. ¿Qué significan estas palabras?

Mc 1, 9-11: Este texto nos narra el Bautismo de Jesús. ¿Necesitaba Jesús recibir el Bautismo? ¿Por qué quiso recibirlo?

Qué me dice Jesús a mí

Jesús quiso bautizarse para señalarnos el verdadero Camino. **¿En qué consiste ese camino?**

Este Sacramento es la "puerta de entrada a

Qué le puedo decir yo a Jesús

Le debo dar gracias por haberme hecho hijo suyo en el Bautismo. Además también le doy gracias porque en el Bautismo Dios me ha perdonado:

y me ha hecho miembro de la

¿VERDADERO O FALSO? ✔ ✗

Jesús necesitaba recibir el bautismo de Juan — V ◯ ◯ F

Se vio al Espíritu Santo que bajaba hacia Él como una paloma — V ◯ ◯ F

Se oyó una voz desde el cielo: "Tú eres mi Hijo amado, en ti me complazco" — V ◯ ◯ F

Los cristianos recibimos el Espíritu Santo cuando somos bautizados — V ◯ ◯ F

4. TESTIGOS DE LA FE

EL MARTIRIO DE SAN JUAN BAUTISTA

El relato de la muerte de San Juan Bautista está en el Evangelio (ver Marcos 6, 17-29). En él se narra el banquete ofrecido por Herodes Antipas con motivo de su cumpleaños, al final del cual danzó Salomé, hija de Herodías, la esposa de su hermano Filipo, con la cual Herodes tenía una relación adúltera.

Según el relato del evangelio, "Herodes había mandado prender a Juan Bautista, y lo había llevado encadenado a la prisión, por causa de Herodías. Porque Juan le decía a Herodes: 'No te está permitido vivir con la mujer de tu hermano'. Herodías le tenía un gran odio por esto a Juan Bautista y quería hacerlo matar, pero no podía porque Herodes le tenía un profundo respeto a Juan y lo consideraba un hombre santo, y lo protegía; al oírlo hablar se quedaba pensativo y temeroso, y lo escuchaba con gusto".

El baile de Salomé, la hija de Herodías, le gustó tanto a Herodes que le prometió a la joven cumplirle cualquier deseo. Ella, a sugerencia de su madre, pidió a Herodes la cabeza de Juan Bautista. Herodes, para no defraudar a sus invitados, dio la orden de que Juan fuera decapitado en el

calabozo. Una vez consumado este terrible homicidio, la cabeza de Juan fue entregada por un sicario a la joven Salomé en una bandeja, y esta se la entregó a su madre.

El martirio de Juan Bautista es como un anuncio de la Pasión y Muerte de Jesús. Pero, desde la esperanza en Cristo como Salvador, el martirio de Juan es una gran victoria.

EL HERODIÓN

Es un palacio-fortaleza construido por el rey Herodes el Grande entre los años 23 y 20 a. C. Está situado a 12 kilómetros al sur de Jerusalén. En sus sótanos había fuertes mazmorras. Según el historiador Flavio Josefo (siglo I), el martirio de Juan Bautista ocurrió en esta fortaleza

LEEMOS

Leemos despacio, en voz alta, el texto y dialogamos sobre él.

¿Qué virtud destacarías en la vida de Juan Bautista?
¿Es posible imitar su ejemplo en la sociedad de hoy?
¿Cómo?

5. CELEBRAMOS

Oramos juntos:

Hermanos, al celebrar el glorioso testimonio de san Juan Bautista dirijamos nuestra oración confiada a Dios Padre.

1 Para que todos los que nos vamos a confirmar vivamos, como Juan Bautista, buscando ser **siempre fieles** a lo que Dios espera de nosotros. Roguemos al Señor. R.- *Te rogamos, óyenos.*

2 Para que, por la intercesión de san Juan Bautista, que supo anunciar con valentía el mensaje de Cristo, sepamos ser en todo momento **testigos de la verdad**. Roguemos al Señor. R.- *Te rogamos, óyenos.*

3 Para que nosotros, como Juan Bautista, seamos fortalecidos por la fuerza del Sacramento de la Penitencia y de la Eucaristía en la fe y en el perdón mutuo. Roguemos al Señor. R.- *Te rogamos, óyenos.*

4 Para que, como Juan Bautista, no nos acobardemos ante las dificultades y las adversidades, sino que encontremos en ellas la ocasión de unirnos más a la Santa Cruz de Jesucristo. Roguemos al Señor.

Oración final

Te pedimos, Señor, reafirmarnos en nuestros compromisos bautismales para ser en el mundo testigos del Señor. Amén.

LO QUE DEBES RECORDAR

> **Explicar** cuál fue la misión de San Juan Bautista.

> **¿Qué efectos produce el sacramento del Bautismo?** Nos hace hijos de Dios y miembros de la Iglesia. Por el bautismo somos lavados del pecado original, morimos a todo pecado y nacemos a una vida nueva.

> **Narrar** qué sucedió en el Bautismo de Jesús y para qué quiso Jesús ser bautizado por Juan.

Estas actividades son para hacer conjuntamente los padres (o uno de ellos) con el hijo o la hija. No es difícil encontrar unos minutos para ayudarles en su formación cristiana.

¿CONOCES BIEN LOS EVANGELIOS?

Vemos el vídeo "El bautismo de Jesús", lo comentamos y después respondemos a las preguntas:

link

¿En qué río tuvo lugar el Bautismo de Jesús?

¿Quién bautizó a Jesús?

Tras el Bautismo de Jesús se oyó una voz del cielo que decía

¿Qué Misterio se reveló en la escena del Bautismo de Jesús?

COMPLETAD ESTA FICHA DEL BAUTISMO DE VUESTRO HIJO/A

Mis padres se llaman

Me llevaron a Bautizar el día

de _____ del año

El nombre de la Parroquia era

El sacerdote fue don

Él dijo: "YO TE BAUTIZO

EN EL NOMBRE DEL

Y DEL

Y DEL

Desde entonces soy HIJO DE DIOS y miembro de la gran FAMILIA de la:

LO QUE DEBES RECORDAR

Consulta esta actividad

Encuentro 4

JESÚS CURA A LOS ENFERMOS

 OBJETIVO Descubrir el inmenso amor que tiene Jesús a los enfermos

📙 **CATECISMO** "Testigos del Señor": tema 20, p. 114-117. Preguntas 53-58.

PRIMERA PARTE

1. TERTULIA FAMILIAR

Nada más terminar la cena, el abuelo se sentó en su sillón y preguntó a los nietos:
—¿Qué tal en la catequesis?
Sonia tomó la palabra:
—A mí me gustó mucho, pues nos hablaron de una enfermedad que curó Jesús. Se llama lepra.
La abuela intervino con viveza:
—Escuchad niños, la lepra era bastante corriente en tiempos de Jesús. Es una enfermedad terrible. A los leprosos la piel se les pone muy fea, llena de costras y de heridas.
—Uf, ¡que horror! —exclamó Nacho— Es mucho peor de lo que había imaginado. Abuela, ¿y esa enfermedad se contagia?
El abuelo intervino entonces.
—¿No pensáis que hay temas más

agradables para conversar? Lo importante es que aquel leproso acudió a Jesús y Él lo curó.

DIALOGAMOS

¿Sabéis algo de esa enfermedad?
¿Habéis leído algo sobre ella?
Ahora vamos a leer el encuentro de Jesús
con un hombre que era leproso.

2. LEEMOS EL TEXTO BÍBLICO

Lucas 5, 12-15. Leemos despacio (puede hacerse entre varios alumnos):

Sucedió que, estando Él en una de las ciudades, se presentó un hombre lleno de lepra; al ver a Jesús, cayendo sobre su rostro, le suplicó, diciendo: «Señor, si quieres, puedes limpiarme».

Jesús extendiendo la mano, lo tocó diciendo: «Quiero, queda limpio».

Y enseguida la lepra se le quitó.

Jesús le ordenó no comunicarlo a nadie; y le dijo: «Ve, preséntate al sacerdote y haz la ofrenda por tu purificación, según mandó Moisés, para que les sirva de testimonio».

La fama de Jesús se extendía cada vez más, y acudían numerosas muchedumbres para oírle y para ser curados de sus enfermedades.

Lucas 4, 40, 41.

Al ponerse el sol, todos cuantos tenían enfermos con diversas dolencias se los llevaban, y Él, imponiendo las manos sobre cada uno, los iba curando. De muchos de ellos salían demonios, que gritaban y decían: "Tú eres el Hijo de Dios".

JESÚS CURÓ A INNUMERABLES ENFERMOS
Podemos recordar otros pasajes de los Evangelios donde vemos a Jesús curando a muchos enfermos; por ejemplo, en Marcos 1, 32-34: "Al anochecer, cuando se puso el sol, le llevaron todos los enfermos y endemoniados. Curó Jesús a muchos que padecían diversas enfermedades".

link

Vemos el vídeo "Jesús sana a un leproso".

DIALOGAMOS

¿Recuerdas otras curaciones que hizo Jesús?
¿Por qué tenía Jesús tanto amor a los enfermos?
¿Y por qué los enfermos acudían a Él en gran número?
¿De qué eran señal las curaciones que obraba Jesús?

3. ANALIZAMOS EL TEXTO

Qué dice el texto

El texto de Lucas, 5 cuenta que un día, de improviso, se presentó ante Jesús un hombre leproso. Los leprosos en tiempos de Jesús tenían prohibido aparecer en público. Vivían en lugares apartados formando pequeñas comunidades de enfermos. La lepra para los judíos era imagen del pecado, por eso los leprosos eran considerados seres impuros.

Este leproso seguramente había oído hablar de Jesús, "el hombre que hacía milagros". Y no paró hasta encontrarlo. Se acercó a Jesús, se postró ante Él y le dijo con plena seguridad: "Si quieres puedes curarme". Jesús, al ver la fe de aquel hombre, le dijo: "¡Quiero, queda limpio!". Y la enfermedad desapareció.

¿Cómo recibió Jesús a aquel leproso? ¿Con qué sentimientos?

Qué me dice Jesús a mí

Tú no estás leproso en el cuerpo, pero el pecado es como la "lepra del alma". Jesús te dice: "No tengas miedo de acercarte a mí. Yo amo al pecador arrepentido. He venido para curar las enfermedades y, sobre todo, la lepra del alma que son los pecados de los hombres". **¿Dónde puedes acercarte a Cristo para que limpie tu alma?**

Qué le puedo decir yo a Jesús

Ponte en el lugar de aquel leproso y dile a Jesús que tenga compasión de ti y perdone siempre tus pecados. **Dale gracias a Jesús por estar recorriendo junto a Él el camino cristiano:**

Dale gracias también por todo lo que te ha dado: la vida, la salud, y especialmente por:

VER VÍDEO

Puedes escuchar la canción "Aumenta mi fe".

link

4. TESTIGOS DE LA FE

FRANCISCO DE ASÍS Y EL LEPROSO

En el año 1205 cabalgaba por los alrededores de Asís, una ciudad de Italia, cierto muchacho rico llamado Francisco Bernardone, que desde meses atrás sentía cada vez mayor insatisfacción por su vida, colmada de trivialidades y vanos ensueños.

Ahora -después de sufrir una derrota militar, un cautiverio y una grave enfermedad- comenzaba a sentir su corazón vacío. En un recodo del camino vio Francisco a un leproso: uno de esos pobres enfermos que vivían totalmente incomunicados de la sociedad. Al ver acercarse a un jinete, el enfermo agitó su *carraca* y se puso de cara al viento, como debían hacer los leprosos al cruzarse con gente sana. Francisco detuvo su caballo. Una voz resonó en su corazón, donde hasta entonces solo sentía temor y asco por los leprosos: una voz que le susurraba las palabras del profeta Isaías sobre el *Mesías doliente*:

Le vimos como un hombre sin aspecto atrayente, despreciado y evitado de los hombres, como un varón de dolores, acostumbrado a los sufrimientos, Él soportó nuestros sufrimientos y aguantó nuestros dolores;

nosotros lo estimamos leproso, herido de Dios y humillado…

Y entonces Francisco bajó de su caballo, se aproximó al leproso y, venciendo su natural repugnancia, *se llegó a él, lo abrazó y lo besó.*

El joven Francisco Bernardone -hoy conocido como san Francisco de Asís- descubrió en su encuentro con el leproso que lo plenamente humano es amar primero a los que nadie quiere amar: pobres, enfermos, desahuciados, alcohólicos, drogadictos….

LEEMOS Y DIALOGAMOS

¿Qué explicación tiene el gesto del joven Francisco de abrazar y besar a aquel leproso?

¿De quién aprendió a comportarse así con los enfermos?
¿Cómo lo podemos practicar nosotros?

5. CELEBRAMOS

La Iglesia y los enfermos

Uno de los Sacramentos de la Iglesia es la **"Unción de Enfermos"**. El apóstol Santiago nos enseña lo que era costumbre en la Iglesia desde su inicio:

"¿Está enfermo alguno de vosotros? Llame a los presbíteros de la iglesia, que recen por él y lo unjan con óleo en el nombre del Señor. Y la oración hecha con fe salvará al enfermo y el Señor lo restablecerá; y si hubiera cometido algún pecado, le será perdonado" (Santiago 5, 14-15).

En este Sacramento el mismo Cristo fortalece al cristiano enfermo y le ayuda a unirse a Él ante la enfermedad y la muerte. En 1978, Juan Pablo II visitó en Roma una clínica y dijo a los enfermos: *Vosotros sois muy poderosos, como Jesús en la Cruz. Hijos míos, utilizad este gran poder que tenéis para el bien de la Iglesia, de vuestras familias, de toda la humanidad.*

¿En qué consiste ese "gran poder" de los enfermos?

COMPARTIMOS CON EL PAPA

Oración del Papa Francisco ante la pandemia mundial del coronavirus

El 27 de marzo de 2020, Francisco rezó a Cristo y a María, en la inmensa y vacía plaza de San Pedro, por el fin de la pandemia que ya se había cobrado muchos miles de muertos en el mundo:

Ayúdanos, Madre del Divino Amor, a conformarnos a la voluntad del Padre y a hacer lo que nos diga Jesús, quien ha tomado sobre sí nuestros sufrimientos y ha cargado nuestros dolores para conducirnos, a través de la cruz, a la alegría de la resurrección.

Tú, Salvación de todos los pueblos, sabes de qué tenemos necesidad y estamos seguros que proveerás, para que, como en Caná de Galilea, pueda volver la alegría y la fiesta después de este momento de grave prueba.

LO QUE DEBES RECORDAR

> **Contar** cómo Jesús curó a un leproso; y cómo curaba a innumerables enfermos.

> **¿Qué es la unción de enfermos?** Es el sacramento que fortalece al cristiano en la enfermedad y le ayuda a unir su sufrimiento al sufrimiento de Cristo en la Pasión.

> **Narrar** la historia del encuentro de Francisco de Asís con un leproso y explicar de dónde procedía su amor a los enfermos.

6. CATEQUESIS EN FAMILIA

Estas actividades son para hacer conjuntamente los padres (o uno de ellos) con el hijo o la hija. No es difícil encontrar unos minutos para ayudarles en su formación cristiana.

CANCIÓN

link

Escuchamos la canción "**Aumenta mi fe**".

TESTIMONIO

A la Santa Teresa de Calcuta le preguntaron: *¿Qué significa para usted el sufrimiento?* Ella respondió: *Sufrir es participar en la Pasión de Jesucristo. En cierta ocasión me encontraba junto al lecho de una mujer enferma de cáncer y le animaba y consolaba diciendo que ese dolor era un beso de Jesús. Le decía: "Mira, estás tan cerca de la Cruz de Jesucristo que Él te puede besar".* Y entonces ella, haciendo un gran esfuerzo y con una pizca de humor me contestó: *"Por favor, madre Teresa, dígale a Jesús que deje de besarme".*

¿Conoces la historia de alguien que haya sabido ofrecer y santificar sus sufrimientos? Intercambiar algunas experiencias en el grupo familiar.

LA UNCIÓN DE ENFERMOS

El Apóstol Santiago nos ha transmitido cómo Jesús reconforta al enfermo grave y salva al que va a morir mediante este santo Sacramento de la Unción de enfermos: *"¿Está enfermo alguno de vosotros? Llame a los presbíteros de la iglesia, que recen por él y lo unjan con óleo en el nombre del Señor. Y la oración hecha con fe salvará al enfermo y el Señor lo restablecerá; y si hubiera cometido algún pecado, le será perdonado"* (Santiago 5, 14-15).

¿Conocéis a alguna persona (por ejemplo, algún pariente) que recibiera este Sacramento? Lo podéis recordar en familia y sacar algunas consecuencias.

LO QUE DEBES RECORDAR

Consulta esta actividad

ORACIÓN A LA VIRGEN MARÍA

Aprende esta antigua oración a la Virgen María:

Bajo tu protección nos acogemos, Santa Madre de Dios. No desprecies las súplicas de los que te invocamos, antes bien, líbranos de todo pecado, ¡Oh Virgen gloriosa y bendita! Amén.

Encuentro 5
JESÚS PERDONA MIS PECADOS

🎯 **OBJETIVO** Admirar la misericordia de Jesús que quiere perdonar nuestros pecados

📖 **CATECISMO** "Testigos del Señor": tema 31, p. 186-189. Preguntas 93 y 107.

1. TERTULIA FAMILIAR

Hoy Sonia y su abuela han ido al supermercado. A la vuelta, han entrado en una iglesia para hacer una visita a Jesús en el Sagrario.

Al terminar, Sonia le dice a su abuela:

—¿Has visto el confesionario? Muchas veces cuando lo veo pienso que Jesús es tan bueno que nos ha dejado ese lugar para perdonar nuestros pecados y, además, gratis.

—Tienes razón —le responde la abuela— porque hoy día te cobran por todo; hasta me han cobrado la bolsa en el supermercado. Nadie te da nada gratis. Solo Jesús. Yo me habré confesado centenares de veces y jamás me han cobrado ni un céntimo por escuchar mis pecados y darme la absolución. Si hubiera un Banco donde perdonaran las deudas de esta manera habría unas colas enormes.

DIALOGAMOS

¿Por qué el sacerdote en el Sacramento de la Penitencia nos perdona siempre los pecados? ¿Es que Jesús no se cansa nunca de perdonar?

2. LEEMOS EL TEXTO BÍBLICO

Marcos 2, 1-11:

Cuando a los pocos días volvió Jesús a Cafarnaún, se supo que estaba en casa. Acudieron tantos que no quedaba sitio ni a la puerta. Y les proponía la palabra. Y vinieron trayéndole un paralítico llevado entre cuatro y, como no podían presentárselo por el gentío, levantaron la techumbre encima de donde él estaba, abrieron un boquete y descolgaron la camilla donde yacía el paralítico.

Viendo Jesús la fe de aquellos hombres, le dijo al paralítico: «Ten confianza, hijo; tus pecados te son perdonados».

Algunos escribas pensaban para sus adentros: «¿Por qué habla este así? Blasfema. ¿Quién puede perdonar pecados, sino solo Dios?». Jesús se dio cuenta enseguida de lo que pensaban y les dijo: «¿Por qué pensáis eso? ¿Qué es más fácil, decir al paralítico: "Tus pecados te son perdonados", o decir: "Levántate, coge la camilla y echa a andar"? Pues, para que veáis que el Hijo del hombre tiene autoridad en la tierra para perdonar pecados —dice al paralítico—: "Te digo: levántate, coge tu camilla y vete a tu casa"». Se levantó, cogió inmediatamente la camilla y salió a la vista de todos.

Todos se quedaron atónitos y daban gloria a Dios, diciendo: «Nunca hemos visto una cosa igual».

DIALOGAMOS

¿Por qué Jesús lo primero que hizo fue perdonar los pecados al paralítico y, después, le curó su parálisis corporal?

link

Vemos el vídeo
"Jesús cura a un paralítico".
Canal YouTube Iglesia de Jesucristo*

¿VERDADERO O FALSO?

Jesús se encontraba ese día en una casa con muy poca gente	V ◯ F ◯
Se admiró de la fe de los cuatro amigos que le llevaron al paralítico	V ◯ F ◯
Lo primero que hizo Jesús fue perdonar al paralítico sus pecados	V ◯ F ◯
Jesús nos perdona ahora los pecados en el sacramento de la Penitencia	V ◯ F ◯

3. ANALIZAMOS EL TEXTO

Qué dice el texto

Nos cuenta que unos hombres llevaron hasta Jesús a su amigo paralítico y no pararon hasta ponerlo a sus pies.

Jesús se admiró de la fe de aquellos hombres y mirando con amor al paralítico le perdonó sus pecados.

Los escribas y fariseos presentes en medio de aquella multitud, comenzaron a murmurar en voz baja contra Jesús llamándole blasfemo.

La reacción de Jesús es la que se cuenta al final de este pasaje: Curó la parálisis de aquel hombre y le ordenó que cogiera la camilla y se fuera a su casa. Y todos se quedaron sobrecogidos al ver el milagro y el poder de Jesús para perdonar los pecados.

¿Qué es lo que más te ha impresionado de lo que hemos leído:

Qué me dice Jesús a mí

Te dice lo mismo que dijo al paralítico: "Ten confianza, hijo"… "Yo he venido al mundo para perdonar los pecados".

¿Sabes si un hombre puede perdonar los pecados? ¿Por qué solo puede hacerlo Dios

¿Cuándo y dónde lo hace?

Qué le puedo decir yo a Jesús

¿Qué le puedes tú decir a Jesús que te ama tanto que te perdona tus pecados siempre que acudes a Él arrepentido/a?

¿A qué te compromete ese Amor tan grande que te tiene Jesús? Piénsalo y escríbelo:

RECUERDA

Jesús hoy nos perdona los pecados por medio del sacerdote en el sacramento de la Penitencia: "Yo te absuelvo de tus pecados en el nombre del Padre y del Hijo y del Espíritu Santo".

4. TESTIGOS DE LA FE

SAN JUAN NEPOMUCENO nació en Bohemia (Checoslovaquia) hacia el año 1350. Fue párroco de Praga y ocupó el alto puesto de Vicario General del Arzobispado.

El rey de Praga, Wenceslao, se dejaba llevar por dos terribles pasiones, la cólera y los celos. Dicen las antiguas crónicas que siendo Juan confesor de la reina, se le ocurrió al rey que el santo le debía contar los pecados que la reina le había dicho en confesión, y al no conseguir que Juan le revelara estos secretos, se propuso matarlo.

El rey, llenó de cólera, hizo que Juan fuera torturado, que le cortaran la lengua y le dieran muerte. Después su cuerpo fue arrojado al río Mondalva. Esto ocurrió en el año 1393. Los vecinos recogieron el cadáver y le dieron santa sepultura.

En 1725, más de 300 años después de este crimen, una comisión de sacerdotes, médicos y especialistas examinó la lengua del mártir que se conservaba incorrupta. De repente, en presencia de todos, la lengua tomó la apariencia de ser la de una persona viva. Todos se pusieron de rodillas ante este milagro.

LEEMOS

Leemos despacio, en voz alta, el texto y dialogamos sobre él.

¿Por qué este santo afrontó con tanta fortaleza la tortura, la mutilación y la muerte?

¿Se puede vivir con ese espíritu de amor a Dios y a los hombres en el mundo de hoy?

5. CELEBRAMOS

Oramos juntos (Salmo 51).
Podemos recitar este Salmo formando dos coros

Misericordia, Dios mío, por tu bondad,
por tu inmensa compasión borra mi culpa;

Te gusta un corazón sincero,
y en mi interior me inculcas sabiduría.

Rocíame con el hisopo: quedaré limpio;
lávame: quedaré más blanco que la nieve.

Hazme oír el gozo y la alegría,
que se alegren los huesos quebrantados.

Aparta de mi pecado tu vista,
borra en mí toda culpa.

Oh Dios, crea en mí un corazón puro,
renuévame por dentro con espíritu firme.

No me arrojes lejos de tu rostro,
no me quites tu santo espíritu.

Devuélveme la alegría de tu salvación,
afiánzame con espíritu generoso.

Enseñaré a los malvados tus caminos,
los pecadores volverán a ti.

Pelegrinos en la zona de confesionarios. Jornada Mundial de la Juventud de 2016. Cracovia, (Polonia)

Señor, me abrirás los labios,
y mi boca proclamará tu alabanza.

El sacrificio agradable a Dios
es un espíritu quebrantado;
un corazón quebrantado y humillado,
tú, oh Dios, tú no lo desprecias.

Oración: Oh Dios, que con el martirio de San Juan Nepomuceno adornaste tu iglesia con una nueva corona celestial; concédenos, por su intercesión y ejemplo, refrenar nuestra lengua antes que ofenderte a sabiendas con ella. Por Jesucristo Nuestro Señor. Amén

¡Jesús te perdona SIEMPRE!

LO QUE DEBES RECORDAR

> **Contar** cómo Jesús perdonó los pecados y luego curó al paralítico de la camilla.

> **¿Qué es el sacramento de la Penitencia?** Es el sacramento en el cual Jesús, por medio del sacerdote, nos perdona los pecados cometidos después del bautismo.

> **Narrar** la historia de San Juan Nepomuceno y su martirio como testigo de la fe.

6. CATEQUESIS EN FAMILIA

¿CONOCES BIEN LOS EVANGELIOS?

Leemos en familia el Evangelio: Marcos 2, 1-11. Conversamos un rato sobre este milagro de Jesús. Luego observamos el dibujo de la página 31 y comentamos sus diferentes detalles.

VER EL VÍDEO

link

DIALOGAMOS: ¿Por qué Jesús lo primero que hizo fue perdonar los pecados al paralítico y, después, le curó su parálisis corporal? ¿Cómo se llama el Sacramento que dejó Jesús en la Iglesia donde Él mismo nos perdona los pecados por medio de sus sacerdotes?

SOPA DE LETRAS

Busca y señala las palabras que se piden:

P	A	R	A	L	I	T	I	C	O
E	P	B	O	Q	U	E	T	E	C
C	U	A	T	R	O	N	I	L	D
A	D	G	C	A	M	I	L	L	A
D	S	A	B	I	R	C	S	E	R
O	H	U	G	F	B	A	O	N	D
S	I	A	T	O	N	I	T	A	W

¿A quién curó Jesús en este milagro?

¿Cómo estaba la casa donde se encontraba Jesús?

¿Cuántos eran los amigos del paralítico?

¿De qué se sirvieron para trasladar al paralítico?

¿Qué abrieron en el techo de la casa donde estaba Jesús?

¿Qué le perdonó Jesús al paralítico?

¿Quiénes murmuraban contra Jesús?

¿Cómo se quedó la gente al ver el milagro?

LO QUE DEBES RECORDAR

Consulta esta actividad

Encuentro 6

YO SOY LA RESURRECCIÓN Y LA VIDA

🎯 **OBJETIVO** Fortalecer la fe en Jesús resucitado que vive para siempre

📖 **CATECISMO** "Testigos del Señor": tema 21, p. 120-123. Preguntas 44-61.

PRIMERA PARTE

1. TERTULIA FAMILIAR

Nacho, relamiéndose, terminó el postre.
—Abuela, ¡qué postres tan ricos nos preparas!
La abuela Encarna, muy contenta, le respondió mientras le daba un beso:
—¿Sabes cuándo aprendí a ser buena cocinera?
Nacho movió la cabeza.
—No lo sé, ¿por qué no me lo cuentas?
—Tendría yo unos quince años y un sacerdote me aconsejó que hiciera cada día *un ratito de meditación*. Pues bien, un día cogí el pasaje del Evangelio de Jesús en casa de Marta, María y Lázaro, y empecé a meditarlo. Ahí entendí que Jesús quería que hiciéramos oración, como María, y ser buena cocinera, como Marta.

—Y también meditó —dijo el abuelo— que a Jesús le gustaba parar en la casa de aquellos hermanos porque le daban bien de comer y se sentía muy a gusto.

DIALOGAMOS

La abuela hacía "un ratito de meditación".
¿Qué diferencia hay entre rezar y meditar?

Juan 11, 1-45: Leemos despacio (puede hacerse entre varios alumnos):

Había caído enfermo Lázaro de Betania, la aldea de María y de Marta (…) Cuando llegó Jesús, Lázaro llevaba ya cuatro días enterrado.

Marta se enteró de que llegaba Jesús y salió a su encuentro, mientras María se quedó en casa. Dijo Marta a Jesús: «Señor, si hubieras estado aquí no habría muerto mi hermano» (…) Jesús le dijo: «Tu hermano resucitará». Marta respondió: «Ya sé que resucitará en la resurrección del último día». Jesús le dijo: «Yo soy la resurrección y la vida: el que cree en mí, aunque haya muerto, vivirá; y el que está vivo y cree en mí, no morirá para siempre. ¿Crees tú esto?» Ella contestó: «Sí, Señor: yo creo que tú eres el Cristo, el Hijo de Dios, el que tenía que venir al mundo». Y dicho esto se fue a llamar a su hermana. Cuando llegó María adonde estaba Jesús, al verlo se echó a sus pies diciendo: «Señor, si hubieras estado aquí no habría muerto mi hermano». Jesús, al verla llorar, lloró también. Los judíos comentaban: «¡Cuánto le quería!».

Jesús llegó a la tumba de Lázaro y dijo: «Quitad la losa». Marta le dijo: «Señor, ya huele mal porque lleva cuatro días». Jesús le replicó: «¿No te he dicho que si crees verás la gloria

El sepulcro de Lázaro está muy cerca de Betania, el pueblo donde vivían los tres hermanos amigos de Jesús, a quienes solía visitar para pasar unos días de descanso

de Dios?». Entonces quitaron la losa. Jesús, levantando los ojos a lo alto, dijo: «Padre, te doy gracias porque me has escuchado; yo sé que tú me escuchas siempre; pero lo digo por la gente que me rodea, para que crean que tú me has enviado». Y dicho esto, gritó con voz potente: «¡Lázaro, sal fuera!». El muerto salió, los pies y las manos atados con vendas, y la cara envuelta en un sudario. Jesús les dijo: «Desatadlo y dejadlo andar».

link

Vemos el vídeo **"La resurrección de Lázaro".** Canal YouTube Iglesia de Jesucristo*

REFLEXIONA

¿Qué significan estas palabras de Jesús?

"Yo soy la resurrección y la vida".

"El que cree en mí, aunque haya muerto, vivirá".

"El que cree en mí, no morirá para siempre".

3. ANALIZAMOS EL TEXTO

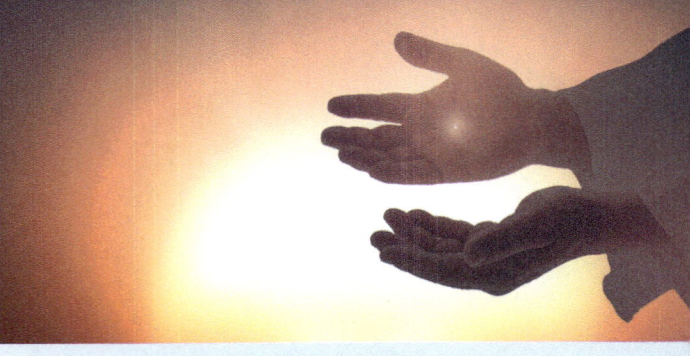

Qué dice el texto

Cuenta que Lázaro, amigo de Jesús, estaba enfermo y sus hermanas, Marta y María, le hicieron llamar. Cuando llegó Jesús, Lázaro ya había muerto y llevaba cuatro días enterrado.

Marta salió al encuentro de Jesús que le dijo que su hermano iba a resucitar. Y añadió: "Yo soy la resurrección y la vida… El que cree en mí, vivirá para siempre". ¿Crees tú esto? Ella contestó: "Sí, Señor: yo creo que tú eres el Cristo, el Hijo de Dios, el que tenía que venir al mundo". Marta avisó a María que se postró a los pies del Señor. Lloraba María y lloró Jesús, que amaba mucho a Lázaro. Enseguida, Jesús se aproximó al sepulcro y lanzó un grito: "¡Lázaro sal fuera!". El muerto salió del sepulcro por su pie y todos quedan asombrados ante el milagro.

¿Qué significan las primeras palabras de Jesús: "Yo soy la resurrección y la vida"?:

Qué me dice Jesús a mí

Te dice como a Marta: "El que cree en mí, aunque haya muerto, vivirá; y el que está vivo y cree en mí, no morirá para siempre. ¿Crees tú esto?" **¿Puedes responderle ahora tú a Jesús?**

Qué le puedo decir yo a Jesús

Ponte en el lugar de Lázaro después de volver a la vida y dile algo a Jesús que te salga del corazón:

¿VERDADERO O FALSO?

	V	F
Jesús tardó demasiado tiempo en acudir a la casa de Lázaro	V	F
Marta dijo a Jesús: "Tú eres la resurrección y la vida"	V	F
Jesús, al ver llorar a María, lloró también	V	F
El muerto salió del sepulcro con los pies y las manos atados con vendas	V	F

4. TESTIGOS DE LA FE

En la primera mitad del siglo XX se produjo en México una larga y dura persecución religiosa, en la que abundaron los *mártires*.

SAN JOSÉ LUIS SÁNCHEZ DEL RÍO fue uno de ellos. Siendo un muchacho de 14 años se alistó en el *ejército cristero* para defender la fe en Jesucristo y a la Virgen de Guadalupe, patrona de México. Debido a su corta edad, el general Mendoza lo aceptó tan sólo como su asistente. Portaba la bandera pero nunca llevó un arma. Por la noche dirigía el Rosario y animaba a la tropa.

El 6 de febrero de 1928 fue capturado por el ejército federal. El mismo día en que fue capturado, desde la prisión, escribió a su madre: *Mi querida mamá: Fui hecho prisionero y creo que voy a morir, pero no importa, mamá. Resígnate a la voluntad de Dios. No te preocupes por mi muerte; antes diles a mis dos hermanos que sigan el ejemplo que les dejó su hermano más chico. Y tú haz la voluntad de Dios, ten valor y mándame la bendición juntamente con la de mi padre. Saluda a todos por última vez. Recibe el corazón de tu hijo que tanto te quiere.*

Cuatro días después fue su martirio. Ya en la noche le desollaron los pies y lo empujaron a golpes hasta el cementerio ante su propia fosa. En medio de los tormentos, el capitán le preguntó qué mensaje quería enviar a sus padres, a lo que respondió: *Que nos veremos en el Cielo. ¡Viva Cristo Rey! ¡Viva la Virgen de Guadalupe!* Dichas estas palabras, le dispararon en la cabeza y José Luis cayó muerto en la fosa. Sin ataúd ni mortaja, su cuerpo recibió directamente las paletadas de tierra. Tenía 14 años. Fue canonizado el año 2016 por el Papa Francisco.

REFLEXIONA Y RESPONDE

¿Qué virtudes admiras más de este joven mártir?

¿Por qué le dijo a su madre en su última carta: *"No te preocupes por mi muerte"*?

5. CELEBRAMOS

La alegría de la Resurrección

El milagro de la resurrección de Lázaro llenó de alegría a sus hermanas Marta y María. Pero, unos años más tarde, Lázaro murió como muere todo ser humano. Sin embargo, **Jesucristo Resucitado VIVE PARA SIEMPRE** y cada Domingo celebramos su Resurrección en nuestra comunidad.

La participación en la Misa de cada Domingo es una declaración pública de nuestra fe en Cristo Resucitado y de nuestra condición de discípulos suyos en su Iglesia, unidos al Papa y a los demás fieles.

La Misa del Domingo para los cristianos no es una carga sino una FIESTA llena de alegría. Ese día podemos tener un encuentro personal con Jesucristo, que murió por nosotros en la Cruz. Y, además, podemos recibirle **vivo y resucitado en la Eucaristía**. Al asistir cada Domingo a la Misa le estamos diciendo a Jesús, *(podemos decirlo todos juntos)*:

Jesús, yo creo en Ti, te adoro y te amo.

Jesús, Tú eres mi mejor Amigo, el Amigo que nunca traiciona.

Jesús, quiero alabarte y glorificarte porque resucitaste y nos resucitarás a tus amigos en el último día.

Oración: Señor, acrecienta nuestra fe en tu Resurrección y en la seguridad de que, si somos fieles, nos acogerás en tu Reino en el último día.

LO QUE DEBES RECORDAR

> **Contar** cómo Jesús resucitó de la muerte a su amigo Lázaro.

> **¿Qué quiere decir que Jesús resucitó?** *Quiere decir que Jesús, después de morir y ser sepultado, fue devuelto a la vida por el poder de Dios, su Padre, para nunca más morir.*

> **Narrar** *la historia de José Luis Sánchez Rodríguez y su martirio como testigo de la fe.*

6. CATEQUESIS EN FAMILIA

Estas actividades son para hacer conjuntamente los padres (o uno de ellos) con el hijo o la hija. No es difícil encontrar unos minutos para ayudarles en su formación cristiana.

VER EL VÍDEO

link

Dialogar sobre lo que hemos visto en el vídeo "La resurrección de Lázaro".

HAZ UN DIBUJO

Dibuja a Lázaro saliendo del sepulcro

LO QUE DEBES RECORDAR

Consulta esta actividad

SOPA DE LETRAS

Busca y señala con lápiz las palabras que se piden:

O	R	C	L	U	P	E	S
R	E	M	A	R	T	A	R
M	S	Z	Z	P	A	I	F
A	U	B	A	I	S	N	O
R	C	N	R	U	F	A	R
I	I	M	O	E	R	T	O
A	T	L	Q	T	G	E	L
Y	O	C	Ñ	R	H	B	L

Jesús le resucitó

Hermana mayor de Lázaro

Nombre de la otra hermana

Pueblo de los hermanos

¿Dónde estaba Lázaro?

¿Qué pasó con Lázaro?

CANCIÓN

link

Escuchamos la canción "Laudato Si".

Encuentro 7

ESTO ES MI CUERPO... ESTA ES MI SANGRE

🎯 **OBJETIVO** Descubrir qué es la Eucaristía y decidir participar más en ella

📖 **CATECISMO** "Testigos del Señor": tema 30, p. 182-185. Preguntas 90-93 y 101-103.

1. TERTULIA FAMILIAR

Hoy Sonia ha contado que en la catequesis han visto una película sobre la vida de Jesús. Y añadió:

—Y después hemos tenido coloquio.

El abuelo intervino:

—¿Y qué le habéis preguntado a la catequista?

Sonia lo aclaró rápidamente:

—Una de las niñas, Irene, dijo: "No entiendo cómo Jesús, siendo Dios, se puso de rodillas para lavar los pies a unos pescadores."

El abuelo intervino:

—¿Y tú le has contestado?

—Sí, pero prefiero que sea Nacho quien nos diga qué le hubiera respondido él.

Nacho, que estaba un poco distraído, tosió, y dijo:

DIALOGAMOS

—Yo creo que una cosa no se opone a la otra. Es cierto que Jesús es Dios; pero vino a enseñar que nos amasemos los unos a los otros. O sea, que no veo ninguna contradicción.

lavatorio de pies

¿Qué hubieras respondido tú a esta pregunta: por qué Jesús siendo Dios se puso de rodillas para lavar los pies a unos pescadores y pecadores?

2. LEEMOS EL TEXTO BÍBLICO

Hoy leeremos tres textos: 1°: Los preparativos de la Cena Pascual; 2°: Jesús lava los pies a los Apóstoles; 3°: La institución de la Eucaristía.

Lucas 22, 7-12. *Llegó, pues, el día de los Ácimos, en que se debía sacrificar la Pascua. Y envió a Pedro y a Juan, diciéndoles: «Id a prepararnos la Pascua para que la comamos». Y ellos lo hicieron así y prepararon todo para que pudieran celebrar la Cena de la Pascua.*

Juan 13, 2-14. *Jesús sabía que había llegado la hora de pasar de este mundo al Padre; y, habiendo amado a los suyos que estaban en el mundo, los amó hasta el extremo. Estaban cenando y Jesús (…) se levanta de la cena, se quita el manto y, tomando una toalla, se la ciñe; luego echa agua en una jofaina y se pone a lavarles los pies a los discípulos, secándoselos con la toalla que se había ceñido (…). Cuando acabó de lavarles los pies, les dijo: «¿Comprendéis lo que he hecho con vosotros? Vosotros me llamáis "el Maestro" y "el Señor", y decís bien, porque lo soy. Pues si yo, el Maestro y el Señor, os he lavado los pies, también vosotros debéis lavaros los pies unos a otros: os he dado ejemplo para que lo que yo he hecho con vosotros, vosotros lo hagáis con los demás.*

Marcos 14, 22-26. *Mientras comían, tomó pan y, pronunciando la bendición, lo partió y se lo dio diciendo:*

«Tomad, esto es mi cuerpo». Después tomó el cáliz, pronunció la acción de gracias, se lo dio y todos bebieron. Y les dijo: «Esta es mi sangre de la alianza, que es derramada por muchos. En verdad os digo que no volveré a beber del fruto de la vid hasta el día que beba el vino nuevo en el reino de Dios».

Después de cantar el himno, salieron para el monte de los Olivos.

VER VÍDEO

Puedes ver este vídeo sobre "La Última Cena"

Canal YouTube Iglesia de Jesucristo®

3. ANALIZAMOS EL TEXTO

Qué dice el texto

En tiempos de Jesucristo la Cena Pascual se celebraba en familia. Durante la Cena, Jesús se levantó de la mesa y lavó los pies a cada uno de los Apóstoles. Al terminar, les dijo: "Os he dado ejemplo para que así lo hagáis también vosotros".

Mientras comían, Jesús hizo con el pan lo que hacía el padre de familia: lo tomó en sus manos, lo partió, lo bendijo y se lo repartió. Sin embargo, Jesús añadió unas palabras decisivas: **"Esto es mi Cuerpo"**. Era lo mismo que decir: *esto no es el pan ácimo de la Pascua: Soy Yo mismo, el Verbo Encarnado, Dios y hombre*. Estamos ante la institución del Sacramento de la Eucaristía y ante la **presencia real de Jesucristo en el Pan consagrado.**

Después tomó el cáliz y les dijo: *"Esta es mi sangre…, que es derramada por muchos (…)"* Y añadió: *"Haced esto en memoria mía"*. Jesucristo derramó su Sangre en la Cruz y entregó su vida "en favor de" los hombres. Jesús en la última Cena instituyó el sacrificio de su Cuerpo y de su Sangre y se lo entregó a la Iglesia para que lo actualizara en la **Eucaristía hasta el día de su última venida. Cada Misa es, por tanto, el mismo Sacrificio Redentor que realizó Jesucristo, de una vez por todas, en el altar de la Cruz. ¿Qué diferencia hay entre la Cena Pascual judía y la que celebró Jesús?**

Qué me dice Jesús a mí

Jesús, en la Eucaristía, en cada Misa o desde el Sagrario, te dice: "Yo, aquí, por amor a ti, y tú… olvidándome… ¿Crees que es justo que yo haya muerto crucificado por ti y tú te conformes con *ir tirando?*" **Ante esto, ¿qué le puedes responder tú a Jesús?**

Qué le puedo decir yo a Jesús

¡Gracias, Jesús, por haber entregado tu vida por mí y por haber derramado toda tu Sangre para limpiar mis pecados! ¡Gracias por llevar esperándome 2000 años en el Sagrario para ser mi Amigo y te pueda venir a visitar! **Dile algo más que te salga del corazón:**

4. TESTIGOS DE LA FE

SAN TARSICIO, MÁRTIR DE LA EUCARISTÍA

En el siglo III el emperador romano Valeriano perseguía a los cristianos como enemigos del Imperio. Los cristianos se reunían en las catacumbas para celebrar la Eucaristía.

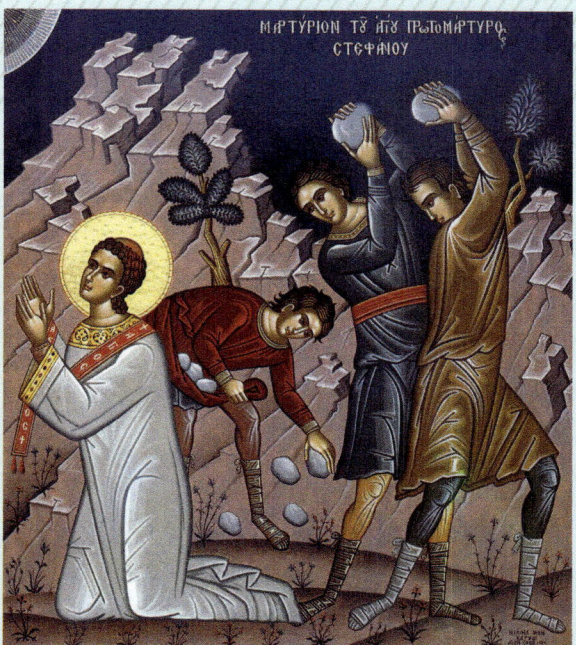

Un día, durante la Misa, el papa Sixto se acordó de los cristianos que estaban en la cárcel y sintió mucha lástima hacia ellos porque necesitaban recibir el Cuerpo de Cristo para soportar sus sufrimientos. Pero, ¿quién sería el alma generosa que se ofreciera para llevarles la Eucaristía? Tarsicio, que tenía once años, dijo al Papa: *Padre, yo me ofrezco; nadie sospechará de mí por mis pocos años.*

El Papa colocó las Sagradas Formas en una cajita-relicario y se la dio a Tarsicio. Al poco rato de salir de las catacumbas, se encontró Tarsicio con unos muchachos que estaban jugando. *Hola, Tarsicio, juega con nosotros.* Tarsicio les dijo: *No, no puedo. Otra vez será.*

Entonces, uno de ellos exclamó: *A ver, a ver. ¿Qué llevas ahí escondido?* Se acercaron a él, lo zarandearon y lo derribaron a tierra. Los agresores intentaron que Tarsicio abriera sus brazos, sin conseguirlo. Entonces comenzaron a tirarle pedradas, cada vez con más y más rabia. Tarsicio, en el suelo, derramaba sangre, mientras encomendaba su alma a Dios. Por nada del mundo permitiría que le robasen aquel Tesoro divino.

En plena agresión, pasó cerca Cuadrado, un fornido soldado catecúmeno que conocía a Tarsicio. Los brutales niños huyeron y Cuadrado llevó en brazos a Tarsicio hacia las catacumbas donde estaba el Papa. Cuando llegó, Tarsicio ya había entregado su alma a Dios. A san Tarsicio se le conoce como el niño mártir de la Eucaristía.

CONTESTA

¿Tenía razón el emperador Valeriano al perseguir a los cristianos? ¿Por qué?

¿Por qué el papa Sixto quiso enviar la Eucaristía a los cristianos encarcelados?

¿Hubieras actuado tú como Tarsicio? Razónalo.

¿Cómo recibir bien a Jesús en la Comunión?

Enseña el Catecismo que para recibir bien la Sagrada Comunión son necesarias tres cosas:

- ✅ Saber a quién vamos a recibir.
- ✅ Estar en gracia de Dios (o sea, no tener conciencia de pecado mortal).
- ✅ Guardar el ayuno eucarístico (no comer ni beber, excepto agua, una hora antes de comulgar).

En la Comunión de la Misa nos unimos a Jesús de la manera más íntima; Cristo viene a habitar en nosotros con su Cuerpo, Sangre, Alma y Divinidad.

La Visita a Jesús Sacramentado

No dejes de visitar a menudo a Jesús Hostia, que se ha quedado en el SAGRARIO por amor a ti. Cuando vayas a visitar a Jesús, es bueno que le adores, que le hables, que le cuentes tus cosas y le pidas que te ayude a ti, a tu familia, amigos y personas que más lo necesitan.

La acción de gracias de la Comunión

Dar gracias después de recibir la Comunión. Es costumbre entre los cristianos piadosos dar gracias a Jesús después de haberle recibido en la Sagrada Comunión.

Muchos cristianos, al terminar la Santa Misa, se quedan un ratito en la iglesia para adorar y dar gracias a Jesús. Algunos rezan la oración "Alma de Cristo".

Vamos a rezarla juntos formando dos coros:

> *Alma de Cristo, santifícame.*
> *Cuerpo de Cristo, sálvame.*
> *Sangre de Cristo, embriágame.*
> *Agua del costado de Cristo, lávame.*
> *Pasión de Cristo, confórtame.*
> *¡Oh, buen Jesús!, óyeme.*
> *Dentro de tus llagas, escóndeme.*
> *No permitas que me aparte de Ti.*
> *Del maligno enemigo, defiéndeme.*
> *En la hora de mi muerte, llámame.*
> *Y mándame ir a Ti*
> *Para que con tus santos te alabe.*
> *Por los siglos de los siglos. Amén.*

LO QUE DEBES RECORDAR

> **Saber explicar** lo que sucedió en la Última Cena (lavatorio de los pies e institución de la Eucaristía).

> **¿Está presente Jesús en la Eucaristía?** Sí, Jesús se hace presente en cada Misa en el momento de la Consagración. Lo que parece pan y vino es el Cuerpo y la Sangre del Señor.

> **Recuerda** que recibir la Sagrada Comunión es la mejor forma de participar en la Misa y el mayor regalo que podemos recibir en la tierra. Y visita a menudo a Jesús en el Sagrario.

Estas actividades son para hacer conjuntamente los padres (o uno de ellos) con el hijo o la hija. No es difícil encontrar unos minutos para ayudarles en su formación cristiana.

VER EL VÍDEO

link

Vemos este vídeo sobre "La Última Cena".

¿SABES QUE...?

¿Vas a la Santa Misa cada Domingo? No olvidéis que es costumbre entre los cristianos piadosos dar gracias a Jesús después de haberle recibido en la Sagrada Comunión.

LA COMUNIÓN ESPIRITUAL

Si alguna vez no podemos recibir a Jesús en la Comunión sacramental, podemos rezar, de modo personal o en familia, una "comunión espiritual". Por ejemplo esta:

Yo quisiera Señor recibiros con aquella pureza, humildad y devoción con que os recibió vuestra Santísima Madre, con el Espíritu y fervor de los santos.

LEEMOS UNA POESÍA

*¿Qué tengo yo que mi amistad procuras?
¿Qué interés se te sigue, Jesús mío,
que a mi puerta, cubierto de rocío,
pasas las noches del invierno oscuras?*

*¡Oh, cuánto fueron mis entrañas duras,
pues no te abrí! ¡Qué extraño desvarío,
si de mi ingratitud el hielo frío
secó las llagas de tus plantas puras!*

*¡Cuántas veces el Ángel me decía:
"Alma, asómate ahora a la ventana,
verás con cuánto amor llamar porfía"!*

*¡Y cuántas, hermosura soberana,
"Mañana le abriremos", respondía,
para lo mismo responder mañana!*

LO QUE DEBES RECORDAR

Consulta esta actividad

Encuentro 8
¡TEN COMPASIÓN DE MÍ!

OBJETIVO Admirar la misericordia de Jesús cuando acudimos a Él arrepentidos

CATECISMO "Testigos del Señor": tema 22. p. 126-129. Preg. 51 y 59.

PRIMERA PARTE

1. TERTULIA FAMILIAR

La abuela comentó al comenzar la tertulia de la noche:

—Ya pronto será Semana Santa, solo falta una semana.

Sonia, intervino con prontitud:

—Abuela, ¿iremos a las procesiones?

—Claro, hija —respondió la abuela dejando el periódico— y, además, parece que va a hacer buen tiempo.

Nacho apuntó:

—Pues a mí me gustaría saber más de los dos ladrones que fueron crucificados junto a Jesús. He oído decir al catequista que uno se llamaba Dimas y que es santo: san Dimas. ¿Es verdad, abuelo?

El abuelo, que era considerado por sus nietos como un oráculo, respondió:

—Sí, querido Nacho. Ese Dimas, que había sido ladrón, es el primer santo canonizado por el mismo Jesucristo antes de morir en la Cruz.

DIALOGAMOS

¿Qué quiere decir que Dimas ha sido el primer santo canonizado?

2. LEEMOS EL TEXTO BÍBLICO

Juan 11,46; 11,53. Marcos 15,1; 15,15; 15,24-27, Lucas 23, 39-43. Leemos despacio (puede hacerse entre varios alumnos):

Jesús

El otro ladrón

Dimas

Muchos judíos que habían venido a casa de María, al ver lo que había hecho Jesús (resucitar a Lázaro), creyeron en él. Pero algunos acudieron a los fariseos y les contaron lo que había hecho Jesús. Y aquel día los principales de los judíos decidieron dar muerte a Jesús.

Apenas se hizo de día, los sumos sacerdotes con los ancianos, los escribas y el **Sanedrín** en pleno, celebraron una reunión. Como ellos no tenían autoridad para condenar a muerte a Jesús, lo llevaron atado y lo entregaron a Pilato (…). Pilato, queriendo complacer a los judíos, les soltó a Barrabás; y a Jesús, después de azotarlo, se lo entregó para que lo **crucificaran**.

Los soldados romanos crucificaron a Jesús y se repartieron sus ropas, echándolas a suerte, para ver lo que se llevaba cada uno (…). Era la hora tercia cuando Jesús fue crucificado. En el letrero de la acusación estaba escrito: «El rey de los judíos». Crucificaron con él a dos ladrones, uno a su derecha y otro a su izquierda. Uno de los malhechores crucificados lo insultaba, diciendo: «¿No eres tú el Mesías? Sálvate a ti mismo y a nosotros». Pero el otro, increpándolo, le decía: «¿Ni siquiera temes tú a Dios, estando en la misma condena? Nosotros, en verdad, lo estamos justamente, porque recibimos el justo pago de lo que hicimos; en cambio, este no ha hecho nada malo». Y decía: «Jesús, acuérdate de mí cuando llegues a tu Reino». Jesús le dijo: «En verdad te digo: hoy estarás conmigo en el Paraíso».

DIALOGAMOS

¿Qué era el Sanedrín?
¿Sabéis con detalle en qué consistía el suplicio de la crucifixión?

3. ANALIZAMOS EL TEXTO

Qué dice el texto

Cuenta que después del milagro de la resurrección de Lázaro, los principales de los judíos decidieron acabar con Jesús. Pero como estaban sometidos a la autoridad de Roma no tenían potestad para ejecutar la pena de muerte de Jesús. Entonces acudieron a Pilato, el cual, queriendo complacerles, puso en libertad a Barrabás, que era un asesino, y les entregó a Jesús, después de azotarlo, para que lo crucificasen junto a dos ladrones. Una vez crucificados los tres, uno de los ladrones blasfemaba contra Jesús desde la cruz; el otro ladrón le recriminó y dijo a Jesús: "¡Ten compasión y acuérdate de mí cuando llegues a tu Reino!". *Jesús le respondió: "En verdad te digo: hoy estarás conmigo en el Paraíso".*

Qué me dice Jesús a mí

—¿Sabes por qué perdoné los pecados de Dimas? Porque fue muy humilde; me miró desde su cruz muy arrepentido y con grandes deseos de que le acogiera y le perdonara sus pecados antes de morir. Por eso tuve misericordia con él; como la tengo con todos los que se arrepienten de sus pecados. También la tengo contigo cuando te arrepientes de tus pecados.

Qué le puedo decir yo a Jesús

Ponte en el lugar del Buen ladrón y dile a Jesús algo que te salga del corazón:

¿VERDADERO O FALSO?

Jesús fue clavado en la cruz entre dos ladrones	V ○ F ○
Jesús dijo a Dimas: "En verdad te digo: hoy estarás conmigo en el paraíso"	V ○ F ○
Los dos ladrones insultaban y decían blasfemias contra de Jesús	V ○ F ○
El buen ladrón todavía no ha sido canonizado	V ○ F ○

4. TESTIGOS DE LA FE

EL BUEN LADRÓN

El evangelio de San Lucas nos cuenta el diferente comportamiento de los dos ladrones que fueron crucificados a cada lado del Señor. Según una antigua tradición esos ladrones se llamaban Dimas y Gestas. Este se retorcía de dolor en su cruz y profería insultos y blasfemias contra Jesús, mientras Jesús callaba y hablaba con su Padre del cielo.

En cambio, Dimas observaba admirado a Jesús. Su silencio y su serenidad le impresionaban. Sobre todo, cuando en medio de los insultos de su compañero y de los judíos, Jesús dirigió al cielo esta súplica: "Padre, perdónalos, porque no saben lo que hacen". Esta oración le pareció a Dimas tan sorprendente que no parecía la oración de un hombre sino la de un santo. Y al escuchar que llamada a Dios "Padre", recordó los muchos milagros que se le atribuían y, olvidando sus dolores, con un instinto certero llegó a la conclusión de que aquel hombre no solo era inocente sino que era Hijo de Dios. Entonces recriminó a su compañero y le dijo: "Nosotros sufrimos por nuestra culpa; pero este, ¿qué mal ha hecho?" Y volviendo su mirada hacia Jesús le observa y medita. Al fin, su alma se abre llena de confianza en esta oración admirable: "Señor, ¡acuérdate de mí cuando llegues a tu Reino!". Jesús, medio muerto a causa de los tomentos y de la mucha sangre derramada, le dirige una sonrisa y le dice: "En verdad te digo que hoy estarás conmigo en el Paraíso".

El papa Francisco a los jóvenes: "Mira los brazos abiertos de Cristo crucificado y déjate salvar una y otra vez por Él" (Christus vivit, 123).

DIALOGAMOS

¿Cómo era el corazón de cada uno de los dos ladrones?

¿Qué le hizo a Dimas confiar en Jesús y en su misericordia?

¿Cómo podemos responder a tanto amor de Jesucristo?

5. CELEBRAMOS

Este es el Prefacio que se reza o se canta en la Misa del Domingo de Ramos. Podemos recitarlo a coro con el catequista:

En verdad es justo y necesario, es nuestro deber y salvación darte gracias siempre y en todo lugar, Señor, Padre Santo, Dios todopoderoso y eterno, por Cristo, Señor nuestro.

El cual se entregó a la muerte por los pecadores, y aceptó la injusticia de ser contado entre los malhechores.

De esta forma, al morir, destruyó nuestra culpa, y, al resucitar, logró nuestra salvación.

Por eso, unidos a los ángeles, te aclamamos llenos de alegría: SANTO, SANTO, SANTO…

Esta maravillosa poesía de Santa Teresa de Jesús es un canto a la Santa Cruz del Señor. La puede declamar el catequista o alguien que tenga buena voz:

*En la cruz está la vida
y el consuelo, y ella sola es el camino
para el cielo.*

*En la cruz está "el Señor de cielo y tierra",
y el gozar de mucha paz,
aunque haya guerra.
Todos los males destierra
en este suelo,
y ella sola es el camino
para el cielo.*

*De la cruz dice la Esposa
a su Querido que es una "palma preciosa"
donde ha subido, y su fruto le ha sabido
a Dios del cielo, y ella sola es el camino
para el cielo.*

¿Por qué la Santa Cruz es el camino más seguro para el Cielo?

LO QUE DEBES RECORDAR

> **El diálogo entre el Buen ladrón y Jesús en la Cruz.**

> **Jesús nos perdona siempre, si estamos arrepentidos.**

> **¿Por qué Jesús quiso padecer y morir en la Cruz?** *Jesús padeció y murió para salvarnos del pecado y ganarnos la felicidad eterna del Cielo.*

Estas actividades son para hacer conjuntamente los padres (o uno de ellos) con el hijo o la hija. No es difícil encontrar unos minutos para ayudarles en su formación cristiana.

¿CONOCES BIEN LOS EVANGELIOS?

Id al apartado 2 de este tema y haced lo siguiente:

- Leed juntos el comienzo del párrafo 3: "Los soldados romanos crucificaron a Jesús…"
- Luego vuestro hijo/a os contará cómo sigue ese relato hasta el final.

¿VERDADERO O FALSO?

- Jesús fue clavado en la cruz por dos malhechores

- Dimas dijo a Jesús: "Acuérdate de mí cuando llegues a tu Reino"

- Jesús le respondió: "En verdad te digo: hoy estarás conmigo en el paraíso"

- El Buen ladrón también resucitó después de muerto

LEEMOS UNA POESÍA

En la cruz está la vida
y el consuelo, y ella sola es el camino
para el cielo.

En la cruz está "el Señor de cielo y tierra",
y el gozar de mucha paz,
aunque haya guerra.

Todos los males destierra en este suelo,
y ella sola es el camino
para el cielo.

Sta. Teresa de Jesús

LO QUE DEBES RECORDAR

Consulta esta actividad

CANCIÓN

link

Escuchamos la canción "Siempre te amaré".

Encuentro 9

JESÚS MURIÓ POR MÍ Y POR TODOS

OBJETIVO Meditar que Jesús se entregó a la muerte para salvarte a ti y a todos

CATECISMO "Testigos del Señor": tema 22, p. 127-130. Preguntas 127-130.

1. TERTULIA FAMILIAR

La abuela Encarna comentó en la tertulia:

—Ya está muy cerca la Semana Santa, ¿qué procesiones os gustan más?

Sonia, intervino:

—A mí me gusta mucho la de la Virgen Dolorosa ante Jesús muerto en la cruz.

El abuelo miró hacia Nacho y le preguntó:

—¿Y a ti?

Nacho respondió con rapidez:

—A mí el paso que más me gusta es uno con varias figuras: Jesús está muerto en la Cruz y un soldado romano le atraviesa el pecho con su lanza. ¿Sucedió así realmente, abuelo?

—Claro que sí. —afirmó el abuelo— Dice el Evangelio que uno de los soldados, con la lanza, le traspasó el costado, y al punto salió sangre y agua. ¡Fue algo impresionante!

Todos quedaron unos instantes callados, como meditando lo que acababan de oír.

DIALOGAMOS

¿Por qué hay tantos pasos y tan diversos?

¿Recordáis algunos otros pasos?

link video

Los cuatro evangelistas narran la Pasión del Señor. Veamos cómo la cuenta San Juan: **Juan 19, 25-37:** Leemos despacio (*puede hacerse entre varios alumnos*):

Junto a la cruz de Jesús estaban su madre, la hermana de su madre, María, la de Cleofás, y María, la Magdalena. Jesús, al ver a su madre y junto a ella al discípulo al que amaba, dijo a su madre: «Mujer, ahí tienes a tu hijo». Luego, dijo al discípulo: «Ahí tienes a tu madre». Y desde aquella hora, el discípulo la recibió en su casa.

Después de esto, sabiendo Jesús que ya todo estaba cumplido, para que se cumpliera la Escritura, dijo: «Tengo sed». Había allí un jarro lleno de vinagre. Y, sujetando una esponja empapada en vinagre a una caña de hisopo, se la acercaron a la boca. Jesús, cuando tomó el vinagre, dijo: «Todo está cumplido». E, inclinando la cabeza, entregó el espíritu.

Los judíos entonces, como era el día de la Preparación, para que no se quedaran los cuerpos en la cruz el sábado, porque aquel sábado era un día grande, pidieron a Pilato que les quebraran las piernas y que los quitaran. Fueron los soldados, le quebraron las piernas al primero y luego al otro que habían crucificado con él; pero al llegar a Jesús, viendo que ya había muerto, no le quebraron las piernas, sino que uno de los soldados, con la lanza, le traspasó el costado, y al punto salió sangre y agua (…) Esto ocurrió para que se cumpliera la Escritura: "No le quebrarán un hueso"; y en otro lugar la Escritura dice: "Mirarán al que traspasaron".

link

Vemos el vídeo **"Jesús es azotado y crucificado".** Canal YouTube Iglesia de Jesucristo*

Identifica los instrumentos que usaron los verdugos de Jesús en su Pasión

3. ANALIZAMOS EL TEXTO

Qué dice el texto

Narra que Jesucristo, el Hijo de Dios hecho Hombre, entregó su vida en la Cruz para pagar por nuestros pecados. La escena nos transmite varios hechos importantísimos: a) Cuando Jesús nos dio a la Virgen María como Madre nuestra; b) El momento de la muerte de Jesucristo: "todo está cumplido" (es decir, la Redención está realizada), y entregó su alma humana a Dios Padre; c) Y, por último, cuenta lo que hizo uno de aquellos bárbaros soldados: por si le quedaba a Jesús un soplo de vida, le atravesó con su lanza el corazón; y, al instante, salió sangre y agua. Recoge también la profecía de Zacarías: "Mirarán al que traspasaron" (Za 12, 10).

Qué me dice Jesús a mí

¿Sabes por qué sufro estos tormentos horribles, insoportables, hasta derramar la última gota de mi sangre? Los sufro por ti y por cada uno de los seres humanos de la tierra. Para llevarte conmigo al Cielo. Pago este precio por vuestra Salvación. Y, además, te doy a mi Madre para que sea también tu Madre y te ayude siempre a llegar al Cielo. **Hay un refrán que dice: "Amor con amor se paga". ¿Cómo puedes corresponder tú al amor tan grande que Jesús te ha mostrado en su Pasión y Muerte?**

Qué le puedo decir yo a Jesús

Piensa que estás allí mirando la escena: Jesús está ante ti en la Cruz a dos metros de distancia; muy cerca tienes a la Virgen María que llora desconsoladamente… **Desde allí, dile a la Virgen María lo que te salga del corazón. Y escríbelo aquí:**

¿VERDADERO O FALSO? ✔ ✗

Jesús ofreció en la Cruz sus terribles dolores por cada uno de nosotros   V ◯   ◯ F

Las últimas palabras de Jesús en la Cruz fueron: "Todo está cumplido"   V ◯   ◯ F

Jesús dijo al soldado romano: "hoy estarás conmigo en el paraíso"   V ◯   ◯ F

La lanza le atravesó el corazón; y, al instante, salió sangre y agua   V ◯   ◯ F

4. TESTIGOS DE LA FE

JOSÉ DE ARIMATEA Y NICODEMO

Al poco tiempo de la muerte de Jesús en la Cruz, aparece en escena José de Arimatea, hombre rico que era miembro del Sanedrín y, a la vez, discípulo de Jesús, aunque oculto para no enfrentarse con las autoridades judías. José, audazmente, se presentó ante el procurador Poncio Pilato y le rogó que le dejara llevar al sepulcro el cuerpo de Jesús. Pilato, que seguramente conocía y apreciaba a José, se lo autorizó.

Regresó, pues, José de Arimatea al Calvario acompañado de Nicodemo, el que había ido a hablar con Jesús cierta noche. Entre los dos, sirviéndose de unas escaleras, subieron a la Cruz, y con gran cuidado desclavaron y bajaron el sagrado cuerpo de Jesús, escena que tantas veces ha sido reproducida en el arte cristiano. Una vez abajo, lo pondrían en los brazos de su Madre Santísima, que lo abrazaría y besaría con infinita ternura. Es la escena que se conoce en el arte cristiano como "La Piedad".

Luego, ungieron el cuerpo de Jesús con mirra y con otros aromas y, con ayuda

de las santas mujeres, envolvieron aquel cuerpo santo en una gran sábana (conocida como la "Sábana Santa"), según acostumbraban a hacer los judíos.

Muy cerca del montículo, llamado Calvario, donde crucificaron a Jesús, había un huerto y en él un sepulcro nuevo que era propiedad de José de Arimatea. Una vez colocado el cuerpo de Jesús dentro del sepulcro, hicieron rodar una gran piedra para cerrar la entrada del sepulcro.

DIALOGAMOS

Impresiona ver la valentía de José de Arimatea al ir a Pilato. ¿Qué sentirían en aquellos momentos José de Arimatea y Nicodemo?

¿Y qué sentiría la Virgen María? ¿Estaría llena de odio hacia los que habían crucificado a su Hijo?

5. CELEBRAMOS

La Adoración de la Cruz

Para esta celebración hay que preparar en el aula de catequesis un crucifijo de tamaño mediano. Se acompaña con dos cirios encendidos y se presenta y ofrece para que sea adorado por cada uno de los presentes que harán ante él una genuflexión sencilla.

Antes de comenzar la Adoración de la Cruz podemos recitar a coro esta bella poesía a Jesús crucificado (autor anónimo del siglo XVI):

No me mueve, mi Dios, para quererte
el Cielo que me tienes prometido
ni me mueve el Infierno tan temido
para dejar por eso de ofenderte.
Tú me mueves, Señor, muéveme el verte
clavado en una cruz y escarnecido;
muéveme el ver tu cuerpo tan herido,
muévenme tus afrentas, y tu muerte.
Muéveme, en fin, tu amor, y en tal manera,
que, aunque no hubiera Cielo, yo te amara,
y, aunque no hubiera Infierno, te temiera.
No me tienes que dar porque te quiera,
pues, aunque lo que espero no esperara,
lo mismo que te quiero te quisiera.

Monición: Ahora, expresaremos nuestra fe en Jesucristo pasando cada uno delante de la Cruz, haciendo una genuflexión y besando la imagen del Cristo como muestra de amor hacia nuestro Señor. Después del beso cada participante puede decir ante la Cruz: "Te adoramos Cristo y te bendecimos". Y todos respondemos a coro: "Que por tu Santa Cruz redimiste al mundo".

Al terminar, rezamos todos juntos el Padrenuestro.

Oración final: Señor Jesucristo; te pedimos que esta celebración -que hemos tenido para adorar y besar la Santa Cruz- nos obtenga crecer en tu Amor y en el deseo de ofrecer toda nuestra vida para servirte a Ti y a los demás. Amén.

LO QUE DEBES RECORDAR

> **Contar** algunas escenas de la Pasión y Muerte de Jesús.

> **¿Por qué murió Jesús?** Jesús murió para cumplir el plan de salvación anunciado en el Paraíso. Gracias a su entrega, Dios perdona nuestros pecados y nos da una nueva vida.

> **Narrar** cómo fue bajado de la cruz y sepultado el cuerpo de Jesús.

Estas actividades son para hacer conjuntamente los padres (o uno de ellos) con el hijo o la hija. No es difícil encontrar unos minutos para ayudarles en su formación cristiana.

VER EL VÍDEO

link

Vemos el vídeo "**Jesús es azotado y crucificado**" y lo comentamos con nuestros padres.

HAZ UN DIBUJO

DIBUJA los principales instrumentos de tortura que se usaron en la Pasión y Muerte de Jesús.

LO QUE DEBES RECORDAR

Consulta esta actividad

REZAMOS

Rezamos esta poesía-oración:

No me mueve, mi Dios, para quererte
el Cielo que me tienes prometido
ni me mueve el Infierno tan temido
para dejar por eso de ofenderte.
Tú me mueves, Señor. Múeveme el verte
clavado en una cruz y escarnecido;
muéveme el ver tu cuerpo tan herido,
muévenme tus afrentas, y tu muerte.
Muéveme, en fin, tu amor, y en tal manera,
que, aunque no hubiera Cielo, yo te amara,
y, aunque no hubiera Infierno, te temiera.
No me tienes que dar porque te quiera,
pues, aunque lo que espero no esperara,
lo mismo que te quiero te quisiera.

Encuentro 10
JESÚS RESUCITÓ Y VIVE PARA SIEMPRE

 **OBJETIVO** Descubrir que la Resurrección de Jesús debe llenar nuestra vida de alegría y esperanza

CATECISMO "Testigos del Señor": tema 22, p. 130-136. Preguntas 61-67.

PRIMERA PARTE

1. TERTULIA FAMILIAR

La familia celebró la fiesta de la Resurrección con unos Huevos de Pascua y una película en la que un centurión romano investiga la desaparición del sepulcro del cuerpo de Jesús. Al final hicieron un "vídeo-forum".

El padre abrió la sesión preguntando:

—Bueno, ¿qué os ha parecido la película? Sonia fue la primera en responder:

—A mí me parece que los soldados se inventaron que los apóstoles robaron el cadáver mientras ellos dormían. ¡Si estaban dormidos no vieron nada!

Nacho esta vez dio la razón a su hermana y aseguró que él tampoco se enteraba de nada cuando dormía.

La abuela hizo una propuesta:

DIALOGAMOS

—Si queréis comparamos lo visto en la película con lo que dicen los Evangelios, ¿os parece? —y todos asintieron a la propuesta de la abuela.

¿Conocéis esa película?

¿Por qué ese centurión romano se pondría a investigar la desaparición del cuerpo de Jesús? ¿Tiene lógica?

Leeremos dos textos: en el primero, las mujeres van al amanecer al sepulcro. En el segundo, Jesús se aparece al anochecer a los Apóstoles. Leemos despacio (puede hacerse entre varios alumnos).

Mateo 28, 1-8. *Pasado el sábado, al alborear el primer día de la semana, fueron María la Magdalena y la otra María a ver el sepulcro. Y de pronto tembló fuertemente la tierra, pues un ángel del Señor, bajando del cielo y acercándose, corrió la piedra y se sentó encima. Su aspecto era de relámpago y su vestido blanco como la nieve; los centinelas temblaron de miedo y quedaron como muertos. El ángel habló a las mujeres: «Vosotras no temáis, ya sé que buscáis a Jesús el crucificado. No está aquí: ¡ha resucitado!, como había dicho. Venid a ver el sitio donde yacía e id aprisa a decir a sus discípulos: "Ha resucitado de entre los muertos y va por delante de vosotros a Galilea. Allí lo veréis". Mirad, os lo he anunciado». Ellas se marcharon a toda prisa del sepulcro; llenas de miedo y de alegría corrieron a anunciarlo a los discípulos.*

Juan 20, 19-23. *Al anochecer de aquel día, el primero de la semana, estaban los discípulos en una casa, con las puertas cerradas por miedo a los judíos. Y en esto entró Jesús, se puso en medio y les dijo: «Paz a vosotros». Y, diciendo esto, les enseñó las manos y el costado. Y los discípulos se llenaron de alegría al ver al Señor. Jesús repitió: «Paz a vosotros. Como el Padre me ha enviado, así también os envío yo». Y, dicho esto, sopló sobre ellos y les dijo:* **"Recibid el Espíritu Santo; a quienes les perdonéis los pecados, les quedan perdonados; a quienes se los retengáis, les quedan retenidos".**

VER VÍDEO

Puedes ver este vídeo donde Jesús resucitado se aparece a los apóstoles.

link

Canal YouTube Iglesia de Jesucristo*

3. ANALIZAMOS EL TEXTO

Qué dice el texto

El primer texto narra el relato de la Resurrección de Jesús al amanecer del primer día de la semana (que nosotros llamamos Domingo).

María Magdalena y otra María se encaminan hacia el sepulcro de Jesús. De pronto, suceden varios hechos portentosos y un ángel resplandeciente remueve la gran piedra que tapaba la entrada del sepulcro. El ángel habla a las mujeres y les muestra el lugar donde había estado el cadáver de Jesús. ¡Pero ya no está, pues ha resucitado! Las dos mujeres corren a anunciarles a los Apóstoles.

El segundo texto cuenta la aparición de Jesús Resucitado a los Apóstoles cuando ya anochecía. Jesús sopló sobre ellos su aliento y dijo: "Recibid el Espíritu Santo; a quienes perdonéis los pecados, les quedan perdonados; a quienes se los retengáis, les quedan retenidos". Con estas palabras les da el poder de perdonar los pecados en su nombre.

¿Dónde perdona ahora Jesús los pecados? ¿Por medio de quiénes los perdona?

Qué me dice Jesús a mí

Jesús ahora te dice a ti: "He resucitado y vivo para siempre. Tú en el Bautismo naciste a la vida de hijos de Dios. Yo soy la Vid y tú eres el sarmiento que ha de estar unido a la Vid. ¡Seamos amigos de verdad! ¡Amigos para siempre!" **¿Qué le responderías tú a Jesús Resucitado?**

Qué le puedo decir yo a Jesús

¡Gracias, Jesús, porque ahora te conozco mejor! ¡Auméntame la fe! Deseo darte a conocer a mucha gente y contagiar mi fe y mi alegría a todas las personas que conozco. **¿Qué más le podrías decir tú a Jesús? Díselo con palabras que sientas de verdad:**

ESCRIBE LA FRASE

Ordena estas palabras hasta completar una frase sobre Jesús Resucitado:

| JESÚS | HA | PARA | LA | SIEMPRE | MUERTE | A | RESUCITADO | VENCIDO |

4. TESTIGOS DE LA FE

Los evangelios nos informan de que entre las mujeres que seguían a Jesús y le asistían con sus bienes estaba **MARÍA MAGDALENA**, una mujer oriunda de Magdala, una pequeña población junto al lago de Galilea.

De ella Jesús había expulsado siete demonios (Lc 8,2; Mc 16,9), que es lo mismo que decir "todos los demonios", lo cual se puede referir a una grave enfermedad del cuerpo o del espíritu.

Los evangelios sinópticos la mencionan como una de las mujeres que seguían a Jesús y le atendían. San Juan presenta a María Magdalena junto a la Virgen María, al pie de la cruz, durante la crucifixión del Señor (Jn 19,25).

Después del sábado, cuando todavía era de noche, se acerca al sepulcro, ve la losa quitada y corre para avisar a los Apóstoles. Entonces pensó que alguien había robado el cuerpo de Jesús (Jn 20,1-2). Vuelve otra vez junto al sepulcro.

De vuelta al sepulcro se queda llorando en el pequeño huerto que había junto al sepulcro y allí tiene lugar una escena conmovedora. María oye una voz que

le pregunta: "¿Por qué lloras?" Ella, con los ojos nublados por las lágrimas, y quizás deslumbrada por el sol naciente no reconoció a Jesús y pensando que sería el hortelano dijo: "Lloro porque se han llevado a mi Señor y no sé dónde le han puesto. Si has sido tú, dímelo y yo iré por Él". Entonces Jesús la llama por su nombre: "¡María!" Ella, al instante reconoce la voz tan querida y se postra a sus pies. Jesús le encarga anunciar a los discípulos su vuelta al Padre (Jn 20,11-18). Esa es su gloria. Por eso, la tradición de la Iglesia la ha llamado "apostola apostolorum" (apóstol de apóstoles).

ARGUMENTA

Si alguien te dice que la Resurrección de Cristo es un mito alimentado por el fanatismo de los primeros discípulos, o bien que se trató solamente de una "resurrección espiritual", **¿qué argumentos le ofrecerías para mostrarle que la fe en la Resurrección de Jesús tiene sólidos fundamentos como realidad histórica y para la vida de los cristianos?**

5. CELEBRAMOS

Reina del Cielo

Celebramos junto a la Virgen María la alegría de la Pascua de Resurrección rezando todos juntos la oración **"Reina del Cielo"**, que es una antigua antífona que se reza o canta a la Virgen María durante el tiempo pascual, en lugar de la oración del Angelus.

V. Alégrate, Reina del cielo. Aleluya.
R. Porque El que mereciste llevar en tu seno. Aleluya.

V. Ha resucitado, según dijo. Aleluya.
R. Ruega por nosotros a Dios. Aleluya.

V. Gózate y alégrate, Virgen María. Aleluya.
R. Porque verdaderamente ha resucitado el Señor. Aleluya.

V. Oremos: Oh Dios que por la Resurrección de tu Hijo, nuestro Señor Jesucristo, te has dignado dar la alegría al mundo, concédenos por su Madre, la Virgen María, alcanzar el gozo de la vida eterna. Por el mismo Jesucristo Nuestro Señor. Amén.

¡Alégrate, Reina del cielo!

LO QUE DEBES RECORDAR

> **Contar** algunas escenas de la Resurrección de Jesús.

> **¿Qué quiere decir que Jesús resucitó de entre los muertos?** Quiere decir que, después de morir y ser sepultado, fue devuelto a la vida por su propio poder para no morir jamás.

> **Narrar** cómo se apareció Jesús Resucitado a los Apóstoles y les dio el poder de perdonar los pecados.

6. CATEQUESIS EN FAMILIA

Estas actividades son para hacer conjuntamente los padres (o uno de ellos) con el hijo o la hija. No es difícil encontrar unos minutos para ayudarles en su formación cristiana.

VER EL VÍDEO

link

Vemos el vídeo **"el Señor resucitado se aparece a los apóstoles"** y lo comentamos con nuestros padres.
Canal YouTube Iglesia de Jesucristo*

¿CONOCES BIEN LOS EVANGELIOS?

Sería muy conveniente leer con los hijos algunos de los pasajes que narran la Resurrección de Jesús (por ejemplo, Lucas 24, 1-12; o Lucas 24, 13-35). Dialogamos sobre estas preguntas:

- ¿Qué personas vieron a Jesús resucitado? Consultamos los cuatro Evangelios y hacemos una lista con sus nombres.
- La Resurrección de Jesús fue una gran victoria para Él. ¿Y para nosotros?

¿VERDADERO O FALSO?

- *Jesús resucitó porque para Dios no hay nada imposible*

- *La Resurrección de Jesús no fue real pues su cadáver lo robaron*

- *La Resurrección de Jesús es la verdad más importante de la fe cristiana*

- *Si vivimos con Cristo, resucitaremos con él*

REFLEXIONAMOS

Reflexionamos sobre este texto del papa Benedicto XVI:

La Resurrección de Jesús inaugura un tipo de vida nuevo: *una Vida nueva distinta a la de este mundo, una Vida gloriosa, resucitada e inmortal. Solo si Jesús realmente ha resucitado ha sucedido algo verdaderamente nuevo que cambia el mundo y la situación del hombre* (Cf. J. Ratzinger, "Jesús de Nazaret", pág. 569).

¿Qué es la "vida nueva" que nos ha ganado Jesús? Explícalo:

LO QUE DEBES RECORDAR

Consulta esta actividad

Encuentro 11
JESÚS EN EL CAMINO DE EMAÚS

🎯 **OBJETIVO** Fortalecer la fe en Jesús Resucitado, pues en Él se han cumplido todas las profecías

📙 **CATECISMO** "Testigos del Señor": tema 22, p. 134. Preguntas 63-65.

1. TERTULIA FAMILIAR

Llevamos unos días que luce un sol espléndido. El abuelo está muy contento por los paseos que está dando acompañado por Nacho.

—Oye, abuelo, tengo una curiosidad. En estos días de Pascua cuando se leen las apariciones de Jesús a los Apóstoles y a María Magdalena, ¿por qué no reconocían a Jesús?

El abuelo pensó que la cuestión no era nada fácil de contestar. Él mismo se lo había preguntado, sin encontrar una respuesta clara. Y esta fue la explicación que le dio a Nacho:

—Mira, Nacho, estamos ante un gran Misterio que solo conoce el mismo Dios. Mi opinión es que los Apóstoles no creían que

Jesús iba a resucitar. Por eso, le tomaron por otra persona; quizás pensaron: "¡Cuánto se parece este hombre a Jesús!" Pero de ahí no pasaron.

DIALOGAMOS

El abuelo le dio a Nacho esa explicación.
¿A ti se te ocurre alguna otra ?

2. LEEMOS EL TEXTO BÍBLICO

Solamente san Lucas nos cuenta con detalle este pasaje del Evangelio:

Lucas 24, 13-35. *Aquel mismo día, dos de ellos iban caminando a una aldea llamada Emaús, distante de Jerusalén unos sesenta estadios; iban conversando entre ellos de todo lo que había sucedido (…). Jesús en persona se acercó y se puso a caminar con ellos. Pero sus ojos no le reconocieron. Él les dijo: «¿Qué conversación traéis mientras vais de camino?». Ellos se detuvieron con aire entristecido. Y uno de ellos, llamado Cleofás, le respondió: «¿Eres tú el único forastero en Jerusalén que no sabes lo que ha pasado allí estos días?».*

Él les dijo: «¿Qué?». Ellos le contestaron: «Lo de Jesús el Nazareno, que fue un profeta poderoso en obras y palabras (…); cómo lo entregaron nuestros sacerdotes para que lo condenaran a muerte, y lo crucificaron. Nosotros esperábamos que él iba a liberar a Israel, pero, con todo esto, ya estamos en el tercer día desde que esto sucedió (…). Entonces, Él les dijo: «¡Qué necios y torpes sois para creer lo que dijeron los profetas! ¿No era necesario que el Mesías padeciera esto y entrara así en su gloria?». Y, comenzando por Moisés y siguiendo por todos los profetas, les explicó lo que se refería a él en todas las Escrituras. Llegaron cerca de la aldea adonde iban y Él simuló que iba a seguir caminando; pero ellos lo apremiaron, diciendo: «Quédate con

nosotros, porque atardece y el día va de caída». Y entró para quedarse con ellos. Sentado a la mesa con ellos, tomó el pan, pronunció la bendición, lo partió y se lo iba dando. A ellos se les abrieron los ojos y lo reconocieron. Pero Él desapareció de su vista (…). Y, levantándose al instante, se volvieron a Jerusalén y encontraron reunimos a los once (…). Y contaron lo que les había pasado en el camino y cómo lo habían reconocido al partir el pan".

VÍDEO

link

Canal YouTube Iglesia de Jesucristo*

Vemos este vídeo sobre los discípulos de Emaús

3. ANALIZAMOS EL TEXTO

Qué dice el texto

El texto de san Lucas nos cuenta cómo Jesús resucitado va en busca de dos de sus discípulos, a quienes su muerte en la cruz había decepcionado y habían decidido alejarse de Jerusalén tristes y desanimados. Jesús se une a ellos como si fuera un caminante más, pero no lo reconocen. Dialogando con ellos les da una profunda catequesis sobre lo que habían anunciado los Profetas acerca del Mesías. Finalmente, sentado a la mesa con ellos, se da a conocer e inmediatamente se ausenta. Ellos creen entonces en su resurrección, recobran la fe en Jesús y regresan a Jerusalén junto a los Apóstoles.

Qué le puedo decir yo a Jesús

¡Gracias, Jesús, porque siempre caminas a mi lado! Tú eres el único que puede dar pleno sentido a mi vida y ayudarme a tomar en cada momento las decisiones más acertadas. También me gustaría presentarte a alguno de mis amigos para que crezcan en amistad contigo. **¿Qué más le podrías decir tú a Jesús?** Escríbelo:

Qué me dice Jesús a mí

"¿Te das cuenta de cómo Yo busco siempre a la oveja perdida?" **¿Has pensado que Jesús camina siempre a tu lado, aunque muchas veces no te des cuenta? ¿Cuándo fue la última vez que sentiste a Jesús cerca de ti?**

¿VERDADERO O FALSO? ✓ ✗

	V	F
Los discípulos de Emaús iban caminando hacia Jerusalén	V	F
Jesús les salió al encuentro pero no le reconocieron	V	F
Jesús les fue explicando lo que habían anunciado los Profetas del Mesías	V	F
Cuando estaban sentados a la mesa reconocieron a Jesús al partir el pan	V	F

4. TESTIGOS DE LA FE

Jesús nos busca como el pastor a sus ovejas para llevarnos a los mejores pastos. Una de esas personas fue **MONTSE GRASES**, nacida en Barcelona el año 1941 en el seno de una familia numerosa y muy cristiana. En 1957 sintió en su alma que el Señor la llamaba al Opus Dei para luchar por alcanzar la santidad cristiana en medio del mundo. Luchó por vivir un profundo amor a la Humanidad de Cristo y a la Eucaristía, una sincera devoción a la Santísima Virgen y el empeño por servir a todos. Supo encontrar a Dios y acercar a Dios a sus amigas. Su lucha por la santidad no consistía en hacer cosas extraordinarias, sino en cumplir sus obligaciones en las cosas pequeñas de cada día, hechas por amor a Dios y sirviendo a los demás. Cada día recibía la Eucaristía y se esforzaba por vivir una presencia de Dios constante.

En junio de 1958, cuando tenía 17 años, se le diagnosticó un cáncer de hueso en una pierna, que le causaba intensos dolores. Montse llevó su enfermedad con serenidad y fortaleza heroicas. Durante su enfermedad, jamás perdió la alegría y acercó a Dios a muchas amigas y compañeras de estudio.

Por la gracia de Dios, Montse Grases aceptó con verdadera paz y alegría su dura enfermedad, viendo en ella la Voluntad de Dios y un medio de hacer apostolado. En las últimas semanas de su vida se sentía tan dolorida que tuvieron que limitar las visitas de sus amigas a su habitación. Pero no se podía contener a quienes tanto la querían, de modo que su cuarto estaba siempre lleno de chicas jóvenes. Montse, con la gracia del Señor, supo llevar su cruz de cada día, muy dolorosa, con un gran amor a Dios y a los demás. Y siempre con alegría y con la esperanza puesta en el Cielo. Murió el Jueves Santo del año 1959.

DIALOGAMOS

¿Has tenido tú alguna enfermedad dolorosa? ¿Te acercó a Dios o te separó de Él?

¿Te das cuenta de que una persona normal como tú puede luchar por ser santa en su vida corriente de estudio, de familia y de amistad y atraer a otros a Jesucristo?

¿Cómo hacerse santo en el día a día: en casa, en el colegio...?

5. CELEBRAMOS

La celebración de la Vigilia Pascual

Como sabes, el **Calendario del Año Litúrgico** se compone de diferentes tiempos (Adviento, Navidad, Cuaresma, Pascua de Resurrección, tiempo ordinario; y las grandes fiestas).

La Iglesia celebra cada año la Resurrección de Cristo en la celebración más importante de todo el año: **la Vigilia Pascual**. Esta liturgia se inicia con el templo a oscuras. La única luz es un brasero encendido en el atrio, el **Fuego santo**, que el sacerdote bendice. En este Fuego santo se enciende el Cirio Pascual que simboliza a Cristo.

En la liturgia de la Vigilia Pascual, una vez colocado el Cirio Pascual en su candelabro, se canta el **Pregón Pascual** por un sacerdote o por un diácono. Con este himno, el cantor invita a la comunidad cristiana a exultar y alegrarse por el cumplimiento del Misterio Pascual que se celebra en el Triduo Sacro, recordando los prodigios cumplidos en la Historia de la Salvación, cuyo centro es **Jesucristo**.

EL CIRIO PASCUAL REPRESENTA A JESUCRISTO RESUCITADO

El texto del Pregón Pascual comienza así

*Exulten por fin los coros de los ángeles,
Exulten las jerarquías del cielo,
y por la victoria de rey tan poderoso
que las trompetas anuncien la salvación.*

*Goce también la tierra,
inundada de tanta claridad,
y que, radiante con el fulgor del Rey eterno,
se sienta libre de la tiniebla,
que cubría el orbe entero.*

*Alégrese también nuestra madre la Iglesia,
revestida de luz tan brillante;
resuene este templo
con las aclamaciones del pueblo.*

(y sigue como si fuera un largo Prefacio)

LO QUE DEBES RECORDAR

> **Narrar** qué les sucedió a dos discípulos en el camino de Jerusalén a Emaús.

> **¿Qué quiere decir que Jesús resucitó de entre los muertos?** Quiere decir que, después de morir y ser sepultado, fue devuelto a la vida...

> **Contar** la historia de Montse Grases y cómo se santificó siendo una chica corriente.

6. CATEQUESIS EN FAMILIA

Estas actividades son para hacer conjuntamente los padres (o uno de ellos) con el hijo o la hija. No es difícil encontrar unos minutos para ayudarles en su formación cristiana.

CATEQUESIS EN FAMILIA

Leemos el pasaje del evangelio de San Lucas 24, 13-33 y luego vemos el vídeo.

VER EL VÍDEO

link

Dialogamos sobre las escenas que hemos visto en el vídeo "Los discípulos de Emaús"

LO QUE DEBES RECORDAR

Consulta esta actividad.

SOPA DE LETRAS

Busca y señala con lápiz las palabras que se piden:

J	E	R	U	S	A	L	E	N
E	E	S	J	A	K	Ñ	L	P
S	T	E	S	T	D	H	F	G
U	A	T	X	E	M	A	U	S
S	D	S	A	F	O	E	L	C
B	E	I	D	O	S	F	G	V
Z	U	R	K	R	V	S	F	G
H	Q	T	L	P	A	N	M	Z

¿Cuántos eran los discípulos de Emaús?

¿Hacia dónde se dirigían?

¿De qué ciudad procedían?

¿Cómo se llamaba uno de ellos?

¿Quién les salió al paso?

¿Quiénes habían anunciado al Mesías?

¿Cómo estaba el ánimo de esos dos discípulos?

¿Qué le dijeron a Jesús al llegar a Emaús?

¿Cuándo le reconocieron?

Encuentro 12
JESÚS NOS ENVÍA EL ESPÍRITU SANTO

OBJETIVO Fortalecer con la ayuda del Espíritu Santo nuestra vocación cristiana

CATECISMO "Testigos del Señor": tema 23, p. 140-144. Preguntas 68-71.

1. TERTULIA FAMILIAR

Es Domingo de Pentecostés. La familia acude a la Misa de la parroquia. El sacerdote en la homilía se ha referido a la venida del Espíritu Santo y al gran cambio que los Apóstoles experimentaron al recibirlo.

Sonia, a la salida de la Misa, le pregunta a su padre:

—Papá, ¿cómo fue posible ese cambio tan fuerte en los Apóstoles, que pasaron de ser ignorantes y cobardes a ser sabios y audaces para anunciar el Evangelio?

—Así fue. Humanamente parece imposible pero el Espíritu Santo es Dios y Dios todo lo puede.

Sonia, no se quedó convencida del todo y replicó:

—Papa, ¿y por qué no nos cambia igual a nosotros?

—Nos cambiaría si le dejásemos. ¿No ves cómo ha cambiado a los santos?

CANCIÓN

Vemos el vídeo "Pentecostés. La venida del Espíritu Santo".

link

Vamos a leer dos textos: el primero sobre la Ascensión de Jesús al Cielo y el segundo sobre la venida del Espíritu Santo sobre los Apóstoles el día de Pentecostés:

Lucas 24, 50-52. Y los sacó hasta cerca de Betania y, levantando sus manos, los bendijo. Y mientras los bendecía, se separó de ellos, y fue llevado hacia el cielo. Ellos se postraron ante él y se volvieron a Jerusalén con gran alegría; y estaban siempre en el templo bendiciendo a Dios.

Hechos 2, 1-8. *Al cumplirse el día de Pentecostés, estaban todos juntos en el mismo lugar. De repente, se produjo desde el cielo un estruendo, como de viento que soplaba fuertemente, y llenó toda la casa donde se encontraban sentados. Vieron aparecer unas lenguas, como llamaradas, que se dividían, posándose encima de cada uno de ellos. Se llenaron todos de Espíritu Santo y empezaron a hablar en otras lenguas, según el Espíritu les concedía manifestarse (…). Al oírse este ruido, acudió la multitud y quedaron desconcertados, porque cada uno los oía hablar en su propia lengua. Estaban todos estupefactos y admirados, diciendo: «¿No son galileos todos esos que están hablando? Entonces, ¿cómo es que cada uno de nosotros los oímos hablar en nuestra lengua nativa?*

COMPLETA

Los Apóstoles vieron cómo el Señor los bendecía mientras subía al

Se llenaron todos del Espíritu Santo y empezaron a hablar en

Acudió la multitud y cada uno los oía hablar en su propia

3. ANALIZAMOS EL TEXTO

Qué dice el texto

El texto de San Lucas nos cuenta cómo fue la Ascensión de Jesús al Cielo. Mientras subía Él los bendecía y ellos se postraron (es decir, le adoraron de rodillas o rostro en tierra).

Pentecostés era una de las principales fiestas judías que celebraba la entrega de la Ley dada por Dios a Moisés en el monte Sinaí. Por ser una gran fiesta, habían acudido a Jerusalén muchos judíos que vivían en otras naciones. El ruido, como de viento, y el fuego evocan la manifestación de Dios en el Sinaí con truenos y relámpagos al entregar su Ley a Moisés para Israel, su pueblo escogido. El día de Pentecostés los Apóstoles comenzaron a predicar el Evangelio a los judíos, es decir la Nueva Ley que Jesús había promulgado para sustituir a la Antigua.

Qué me dice Jesús a mí

Esto es lo que Jesús te quiere decir: Tú desde tu Bautismo eres *cristiano* y, por tanto, también eres mi "apóstol", pues la vocación cristiana es vocación al apostolado. Yo te he elegido para que des ejemplo de vida cristiana en medio del mundo como testigo del Evangelio. **¿Qué medios necesitas para vivir en el mundo como un verdadero "testigo de Jesucristo"?**

Qué le puedo decir yo a Jesús

¡Gracias, Jesús, porque me das la ayuda del Espíritu Santo para que Él sea siempre mi Guía y mi Maestro! Él me ayudará a dar pleno sentido a mi vida viviendo como un hijo de Dios. **Pide a Jesús que nunca te falte la ayuda del Espíritu: inventa tú una breve oración:**

ORACIÓN

¡Ven Espíritu Santo, llena los corazones de tus fieles y enciende en ellos el fuego de tu Amor! ¡Y renovarás la faz de la tierra!

4. TESTIGOS DE LA FE

DISCURSO DE SAN PEDRO A LOS JUDÍOS

Los Hechos de los Apóstoles narran la *asombrosa transformación* que experimentaron los Apóstoles al recibir la fuerza y la audacia del Espíritu Santo. El primer testimonio lo dio San Pedro con un discurso iluminado por la sabiduría y la fuerza del Espíritu Santo que acababa de recibir.

Hechos 2, 14 y ss.: *Entonces Pedro, poniéndose en pie junto con los Once, levantó su voz y con toda solemnidad declaró ante ellos (la multitud de los judíos de Jerusalén):*

Israelitas, escuchad estas palabras: a Jesús el Nazareno, varón acreditado por Dios ante vosotros con los milagros, prodigios y signos que Dios realizó por medio de Él, como vosotros mismos sabéis, a este (…) lo matasteis, clavándolo en una cruz por manos de hombres inicuos. Pero Dios lo resucitó, librándolo de los dolores de la muerte, por cuanto no era posible que esta lo retuviera bajo su dominio (…).

A este Jesús lo resucitó Dios, de lo cual todos nosotros somos testigos. Exaltado, pues, por la diestra de Dios y habiendo recibido del *Padre la promesa del Espíritu Santo, lo ha derramado sobre nosotros. Esto es lo que estáis viendo y oyendo (…). Por lo tanto, con toda seguridad conozca toda la casa de Israel que al mismo Jesús, a quien vosotros crucificasteis, Dios lo ha constituido Señor y Mesías».*

Al oír esto, se les traspasó el corazón, y preguntaron a Pedro y a los demás apóstoles: ¿Qué tenemos que hacer, hermanos? Pedro les contestó: Convertíos y sea bautizado cada uno de vosotros en el nombre de Jesús, el Mesías, para perdón de vuestros pecados, y recibiréis el don del Espíritu Santo. Los que aceptaron sus palabras se bautizaron, y aquel día fueron agregadas (a la Iglesia) unas tres mil personas.

ORACIÓN

Acostúmbrate a repetir estas oraciones a la Santísima Trinidad: "¡Gloria al Padre, gloria al Hijo, gloria al Espíritu Santo".

Y al hacer el signo de la cruz: "En el nombre del Padre y del Hijo y del Espíritu Santo. Amén".

5. CELEBRAMOS

link

Cantamos la canción
"Espíritu Santo"

Secuencia de la Misa de Pentecostés

Este bellísimo himno litúrgico, que se canta o reza en la fiesta de Pentecostés, es una invocación al Espíritu Santo para implorar su ayuda y sus dones. Podemos recitarlo formando dos coros.

Ven, Espíritu divino,
manda tu luz desde el cielo.
Padre amoroso del pobre,
don, en tus dones espléndido,
luz que penetra las almas,
fuente del mayor consuelo,
ven, dulce huésped del alma,
descanso de nuestro esfuerzo,
tregua en el duro trabajo,
brisa en las horas de fuego,
gozo que enjuga las lágrimas
y reconforta en los duelos.
Entra hasta el fondo del alma,
divina luz, y enriquécenos.

Mira el vacío del hombre,
si tú le faltas por dentro;
mira el poder del pecado,
cuando no envías tu aliento.
Riega la tierra en sequía,
sana el corazón enfermo,
lava las manchas, infunde
calor de vida en el hielo,
doma el espíritu indómito,
guía al que tuerce el sendero.
Reparte tus siete dones,
según la fe de tus siervos;
por tu bondad y tu gracia,
dale al esfuerzo su mérito;
salva al que busca salvarse
y danos tu gozo eterno.
Amén.

LO QUE DEBES RECORDAR

> **Narrar** la venida del Espíritu Santo sobre los Apóstoles el día de Pentecostés.

> **¿El Espíritu Santo es Dios como el Padre y el Hijo?** Sí, el Espíritu Santo es Dios como el Padre y el Hijo. Es Señor y dador de vida, digno de recibir la misma adoración y gloria que el Padre y el Hijo. Él continúa la misión salvadora de Jesús hasta que Él vuelva.

> **Contar** cómo San Pedro pronunció su primer discurso a los judíos y se bautizaron tres mil personas aquel día.

6. CATEQUESIS EN FAMILIA

Estas actividades son para hacer conjuntamente los padres (o uno de ellos) con el hijo o la hija. No es difícil encontrar unos minutos para ayudarles en su formación cristiana.

VER EL VÍDEO

link

Vemos el vídeo "Pentecostés. La venida del Espíritu Santo".

¿VERDADERO O FALSO?

- Los Apóstoles recibieron el Espíritu Santo el día de Navidad

- La venida del Espíritu Santo fue acompañada de un gran terremoto

- Después de recibir el Espíritu Santo San Pedro predicó a los judíos

- En Pentecostés los Apóstoles empezaron a hablar en diferentes lenguas

- El Espíritu Santo es la segunda Persona de la Santísima Trinidad

LO QUE DEBES RECORDAR

Consulta esta actividad

¿CONOCES BIEN LOS EVANGELIOS?

Sería muy conveniente leer con los hijos algunos de los pasajes que narran la Ascensión de Jesús al Cielo (San Mateo 28, 16-20; San Lucas 24, 50-53 y Hechos 1, 6-11). Dialogamos sobre las siguientes preguntas:

¿Qué personas acompañarían a Jesús cuando subió al cielo? **Consultamos los cuatro Evangelios y anotamos la respuesta correcta.**

Según el evangelio de San Mateo las últimas palabras de Jesús en la tierra fueron: "Y sabed que yo estoy siempre con vosotros todos los días hasta el fin del mundo". ¿De qué modo está Jesús cerca de nosotros en nuestros días?

Encuentro 13
LA IGLESIA DE JESUCRISTO

 **OBJETIVO** Descubrir que la Iglesia es la gran Familia de los hijos de Dios que caminan hacia el cielo bajo la guía del Espíritu Santo

CATECISMO "Testigos del Señor": tema 24 y 25, p. 150–159. Preguntas 72–80.

1. TERTULIA FAMILIAR

Nacho ha ido al dentista con su madre. Al regresar a casa entran a hacer una visita al Santísimo en la parroquia de Santa Teresita que les pilla de paso. Después de rezar un Padrenuestro ante el Sagrario, han saludado a don Miguel, el párroco, que les ha contado por qué Santa Teresita del Niño Jesús fue nombrada por el Papa patrona universal de las Misiones.

Ya en la calle, Nacho comenta a su madre:

—¡Qué personas tan distintas hay en la Iglesia católica! Este párroco, Santa Teresita, los misioneros en países lejanos…

Encarna, su madre, añade:

—¡Y tú y yo! O sea los laicos, que somos la parte más numerosa en la Iglesia universal. Si hay en el mundo unos 1500 millones de católicos, 1.400 millones, por lo menos, somos los laicos.

DIALOGAMOS

¿Sabes cuál es el significado de la palabra "laico" en la Iglesia? Los que no son laicos en la Iglesia, ¿quiénes son?

2. LEEMOS EL TEXTO BÍBLICO

Hay en el Nuevo Testamento muchos textos sobre la Iglesia y su misión.

Veamos algunos:

✛ La Iglesia como Pueblo de Dios:

1 Pedro, 2-9-10. *Vosotros sois un linaje elegido, un sacerdocio real, una nación santa, un pueblo adquirido por Dios para que anunciéis las proezas del que os llamó de las tinieblas a su luz maravillosa.*

✛ La Iglesia como Cuerpo de Cristo:

Efesios 4, 2-6. *Un solo cuerpo y un solo Espíritu (…). Un solo Señor, una sola fe, un solo bautismo. Un solo Dios, Padre de todos, que está sobre todos, actúa por medio de todos y está en todos.*

✛ La Iglesia como Comunión:

Juan 15. *Yo soy la vid, vosotros los sarmientos; el que permanece en mí y yo en él, ese da fruto abundante; porque sin mí no podéis hacer nada. Al que no permanece en mí lo tiran fuera, como el sarmiento, y se seca; luego los recogen y los echan al fuego, y arden. Si permanecéis en mí y mis palabras permanecen en vosotros, pedid lo que deseáis, y se realizará. Con esto recibe gloria mi Padre, con que deis fruto abundante; así seréis discípulos míos.*

✛ Pedro, cabeza de la Iglesia:

Mateo 16, 13-18. *Jesús preguntó a sus discípulos: «Y vosotros, ¿quién decís que soy yo?». Simón Pedro tomó la palabra y dijo: «Tú eres el Mesías, el Hijo del Dios vivo». Jesús le respondió: «¡Bienaventurado tú, Simón, hijo de Jonás!, porque eso no te lo ha revelado ni la carne ni la sangre, sino mi Padre que está en los cielos. Ahora yo te digo: tú eres Pedro, y sobre esta piedra edificaré mi Iglesia, y el poder del infierno no la derrotará».*

link

Vemos el vídeo "San Pedro".

RELACIONA

La Iglesia como Pueblo de Dios	○ ○	Sobre esta piedra edificaré mi Iglesia
La Iglesia como Cuerpo de Cristo	○ ○	Yo soy la vid, vosotros los sarmientos
La Iglesia como Comunión	○ ○	Vosotros sois un solo cuerpo
San Pedro, cabeza de la Iglesia	○ ○	Vosotros sois un pueblo adquirido por Dios

3. ANALIZAMOS EL TEXTO

Qué dice el texto

La Iglesia es el Nuevo Pueblo, es "un pueblo adquirido por Dios". Jesucristo lo fue formando llamando a los Doce, eligiendo a Pedro como cabeza de la Iglesia, enseñándoles el Evangelio y entregando la vida por sus ovejas. Los que creen en Jesucristo y se bautizan forman la Iglesia.

Ese Pueblo es Uno porque tiene un solo Señor, una sola fe, un solo bautismo. Ese Pueblo es una Comunión (común-unión) porque los miembros están unidos a Cristo como los sarmientos a la Vid. El que no permanece unido a la vid, se seca como el sarmiento que se separa de la vid. Ese Pueblo tiene una Cabeza Suprema que es Jesucristo y su Vicario en la tierra que es el Romano Pontífice, al que llamamos Papa. Solo a él le ha dicho Jesús: tú eres Pedro, y sobre esta piedra edificaré mi Iglesia.

Qué me dice Jesús a mí

"¿Te das cuenta de inmenso don que has recibido al formar parte de mi Iglesia?" Pero en la Iglesia no se puede estar como un peso muerto. Todos los bautizados estáis llamados a ser miembros vivos de ese Pueblo santo. **Tú, ¿cómo podrías ser un miembro vivo en la Iglesia?**

Qué le puedo decir yo a Jesús

¡Gracias, Jesús, porque al estar en tu Iglesia tengo todos los medios que son necesarios para la salvación: la verdad del Evangelio, ¡el Bautismo y los demás sacramentos! Quiero ser un cristiano de verdad para crecer en amistad contigo y trabajar por extender tu Reino en el mundo. **¿Qué vas a hacer para lograrlo? Escríbelo:**

¿VERDADERO O FALSO?

	V	F
La Iglesia es el nuevo Pueblo de Abraham	V	F
Jesús dijo a Juan "Tú eres Pedro y sobre esta piedra edificaré mi Iglesia"	V	F
El Pueblo de Dios tiene una Cabeza Suprema que es San Pedro	V	F
En la Iglesia tenemos todo los medios necesarios para la salvación	V	F

4. TESTIGOS DE LA FE

Un Papa, una religiosa y un joven

SAN JUAN PABLO II hizo centenares de viajes por el mundo entero. En París, dirigiéndose a los jóvenes, habló del don del sacerdocio: "Hace dos años que soy papa, hace más de veinte que soy obispo y, sin embargo, para mí sigue siendo lo más importante el hecho de ser sacerdote, de poder celebrar cada día la Santa Eucaristía, renovando cada día el mismo Sacrificio de Cristo, ofreciendo en Él todas las cosas al Padre: el mundo, la humanidad y a mí mismo".

TERESITA DE LISIEUX abrazó a los 15 años la vida religiosa como carmelita descalza. Su autobiografía -Historia de un alma- impresionó al mundo. En ella cuenta como cierto día leyó en la 1ª carta de san Pablo a los Corintios su himno al Amor sin el cual todos los carismas son nada. Teresita cerró el libro y en un transporte de gozo exclamó: "¡Por fin he encontrado mi vocación! ¡Oh Jesús, mi amor! ¡Mi vocación es el amor!... Comprendí que la Iglesia tenía un corazón y que ese corazón estaba ardiendo de amor. Comprendí que el amor encierra todas las vocaciones, que el amor lo es

todo... Soy hija de la Iglesia -diría- y esta hija no sabe otra cosa que amarte, Jesús."

DOMINGO SAVIO con 14 años fue uno de los primeros seguidores de San Juan Bosco Un día le dijo a don Bosco: "Ayúdeme a hacerme santo". El sacerdote tomó en serio aquella petición, y le dijo: "Quiero regalarte la fórmula de la santidad. Hela aquí: Primero: alegría. Lo que conturba y quita la paz, no viene de Dios. Segundo: tus deberes de clases y de piedad. Atención en la escuela, entrega al estudio, entrega a la piedad. Todo ello por amor al Señor y no por ambición. Tercero: hacer el bien a los demás. Ayuda siempre a tus compañeros, aunque te cueste algún sacrificio. En eso está toda la santidad".

REFLEXIONAMOS

¿Qué tienen en común estos santos?

¿Qué es lo que más valoraba en su vida San Juan Pablo II?

¿Qué descubrimiento hizo Santa Teresita de Lisieux leyendo a San Pablo?

¿Qué tres cosas le enseñó San Juan Bosco a Domingo Savio?

5. CELEBRAMOS

Celebramos las promesas bautismales

Catequista: Ahora vamos a renovar nuestra fe, que es la fe de la Iglesia, de nuestros padres y de la comunidad cristiana. La fe es la luz que nos guía. Por eso vamos a tener en la mano una vela encendida (se distribuyen unas velas). Se puede cantar o escuchar algún canto alusivo a Cristo nuestra LUZ.

El catequista prosigue: Guiados por nuestra fe en Jesucristo y fortalecidos con la fuerza del Espíritu Santo, vais a renovar ahora las promesas que hicisteis en vuestro Bautismo (entonces, por medio de vuestros padres y padrinos):

Catequista: ¿Renunciáis al pecado para vivir en la libertad de los hijos de Dios? *Todos respondemos: Sí, renuncio.*

Catequista: ¿Renunciáis a todas las seducciones del mal, para que no os domine el pecado? *R. Sí, renuncio.*

Catequista: ¿Renunciáis a Satanás, padre y origen del pecado? *R. Sí, renuncio.*

Catequista: ¿Creéis en Dios Padre Todopoderoso Creador del cielo y de la Tierra? *R. Sí, creo.*

Catequista: ¿Creéis en Jesucristo, su único Hijo, nuestro Señor, que nació de Santa María la Virgen, murió, fue sepultado, resucitó entre los muertos y está sentado a la derecha del Padre? *R. Sí, creo.*

Catequista: ¿Creéis en el Espíritu Santo, en la Santa Iglesia Católica, en el perdón de los pecados, en la resurrección de los muertos y en la vida eterna? *R. Sí, creo.*

A continuación todos decimos: Esta es nuestra fe, esta es la fe de la iglesia, que nos gloriamos de profesar en Cristo Jesús, Señor nuestro.

Puede terminarse con el rezo de un padrenuestro seguido de un canto final apropiado.

LO QUE DEBES RECORDAR

> **Las principales imágenes de la Iglesia:** *Pueblo de Dios, Cuerpo de Cristo, Comunión.*

> **¿Qué es la Iglesia?** *La Iglesia es la gran familia de los que creen en Jesús y lo siguen bajo la guía del Espíritu Santo; tiene como pastores a los sucesores de los Apóstoles.*

> **El testimonio de algunos santos.**

Estas actividades son para hacer conjuntamente los padres (o uno de ellos) con el hijo o la hija. No es difícil encontrar unos minutos para ayudarles en su formación cristiana.

¿CONOCES BIEN LOS EVANGELIOS?

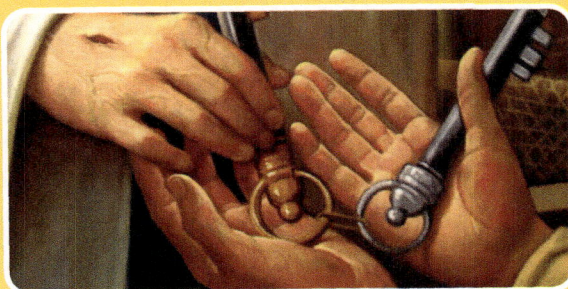

Leemos el evangelio: *Jesús le respondió (...): "Yo te digo: tú eres Pedro, y sobre esta piedra edificaré mi Iglesia, y el poder del infierno no la derrotará. Te daré las llaves del Reino de los Cielos; lo que ates en la tierra quedará atado en los cielos, y lo que desates en la tierra quedará desatado en los cielos"* (Mateo 16, 18, 19).

Comentario: Jesús designó a san Pedro (y a sus sucesores) como Vicario o representante suyo en la tierra; es el "Vicecristo" en la tierra. El Papa recibe otros nombres como, por ejemplo: Romano Pontífice, Pastor Supremo, Vicario de Cristo, Santo Padre, Su Santidad, etc.

Dialogamos: ¿Qué significa cada uno de estos nombres?

VER EL VÍDEO

link

Vemos el vídeo "San Pedro" y lo comentamos con nuestros padres.

SIGNO CRISTIANO

El Báculo del Papa. El báculo es el bastón que llevan los pastores para conducir al rebaño. Por analogía lo usa también el Santo Padre, como Buen Pastor del Pueblo de Dios, la Iglesia.

Hacemos un propósito: Rezar cada día por las intenciones del Papa, al menos un padrenuestro. Y pedir por él siempre que participemos en la Santa Misa.

Oración final: Señor Dios nuestro, ya que has elegido al León XIV como pastor supremo de tu Iglesia, concédele que sea para tu pueblo principio y fundamento visible de la unidad y de la comunión en el amor. Amén.

LO QUE DEBES RECORDAR

Consulta esta actividad

Encuentro 14

ID POR TODO EL MUNDO

OBJETIVO Descubrir que un joven cristiano está llamado a ser misionero

 CATECISMO "Testigos del Señor": tema 24 y 25, p. 150-159. Preguntas 72-80.

PRIMERA PARTE

1. TERTULIA FAMILIAR

La abuela Encarna y Sonia van camino del supermercado. La abuela le pregunta a su nieta:

—¿Qué tal esta semana en la catequesis?

—Bastante bien. Nos dijo el catequista que Jesús envío a los Apóstoles a anunciar el Evangelio por todo el mundo. Y que todos los católicos somos misioneros. ¿Es así?

—Sí, claro, respondió la abuela.

—Pues yo había oído siempre que los misioneros son personas muy religiosas que se van a anunciar el Evangelio a lugares muy lejanos, como China o las selvas del Amazonas…

La abuela le replicó:

—Veo que no estás al día. El Papa Francisco enseña que todos los bautizados nos hemos de sentir misioneros en cualquier lugar donde estemos.

—Ah, bueno, respondió Sonia.

DIALOGAMOS

¿Cómo puede ser "misionero" o "misionera" un chico o chica de nuestra edad?

¿Tiene que dejar sus estudios para dedicarse a "misionar"?

Leeremos dos textos: el primero es la conocida comparación de sus discípulos con la "sal y la luz" del mundo. El segundo recoge la misión apostólica que Jesús confió a sus discípulos antes de subir al Cielo.

Mateo 5, 13-16. Vosotros sois **la sal de la tierra**. Pero si la sal se vuelve sosa, ¿con qué la salarán? No sirve más que para tirarla fuera y que la pise la gente.

Vosotros sois la **luz del mundo**. No se puede ocultar una ciudad puesta en lo alto de un monte. Tampoco se enciende una lámpara para meterla debajo del celemín, sino para ponerla en el candelero y que alumbre a todos los de casa. Brille así vuestra luz ante los hombres, para que vean vuestras buenas obras y den gloria a vuestro Padre que está en los cielos.

Mateo 28, 16-20. Los once discípulos se fueron al monte que Jesús les había indicado. Acercándose a ellos, Jesús les dijo: «Se me ha dado todo poder en el cielo y en la tierra. **Id, pues, y haced discípulos a todos los pueblos**, bautizándolos en el nombre del Padre y del Hijo y del Espíritu Santo; enseñándoles a guardar todo lo que os he mandado. Y sabed que yo estoy con vosotros todos los días, hasta el final de los tiempos».

REFLEXIONA Y RESPONDE

¿Por qué Jesús llama a sus discípulos "sal de la tierra"?

- -

¿Y por qué les llama "luz del mundo"?

- -

3. ANALIZAMOS EL TEXTO

Qué dice el texto

El primer texto dice: vosotros (los cristianos) sois la sal de la tierra y la luz del mundo. Si la sal se vuelve sosa no vale para nada y se tira. La luz ha de brillar para que ilumine a todos los de la casa (los cristianos deben iluminar con su vida el mundo entero).

El segundo texto nos transmite las últimas palabras de Jesús antes de ascender al Cielo. Jesús dijo a sus discípulos: *"Se me ha dado todo poder en el cielo y en la tierra. Id, pues, y haced discípulos a todos los pueblos bautizándoles en el nombre del Padre y del Hijo y del Espíritu Santo"*. "Hacer discípulos" significa enseñar a otros a vivir como discípulo del Señor. Esta tarea se llama "apostolado". Todos los bautizados tienen el deber de hacer apostolado por mandato expreso de Jesucristo.

Escribe el mandato qu dio Jesús a sus discípulos:

Qué me dice Jesús a mí

El mensaje final de Jesús no era solo para aquellos que estaban allí y podían escucharle; lo dice para todos sus discípulos de todos los tiempos. Por tanto, también a ti te dice Jesús: "Tú también tienes la misión de hablar de mí y de anunciar el Evangelio". **¿Por qué cada cristiano bautizado es un apóstol en medio del mundo?**

Qué le puedo decir yo a Jesús

¡Gracias, Jesús, porque me has llamado a ser un discípulo tuyo y a anunciar tu Palabra, tu Evangelio en el mundo! **¿A quiénes se lo puedo anunciar? ¿De qué manera lo puedo hacer? Escríbelo:**

RESPONDE

Explica en tres líneas por qué la vocación cristiana es apostólica y misionera.

4. TESTIGOS DE LA FE

El PAPA FRANCISCO hizo una llamada a jóvenes misioneros

El Papa Francisco escribió la **Exhortación Apostólica "Cristo vive" a los jóvenes de hoy**. En ella quiere ayudarles a cobrar conciencia de que ellos también son apóstoles y misioneros con una apasionante misión en el mundo de hoy: trabajar por hacerlo mejor, más humano y más cristiano.

"Ser apóstol no es llevar una antorcha en la mano, poseer la luz, sino ser la luz. El Evangelio más que una lección es un ejemplo. Es el Mensaje convertido en vida viviente" (San Alberto Hurtado).

"El Evangelio no es para algunos sino para todos. No es sólo para los más cercanos, más receptivos, más acogedores. Es para todos. No tengan miedo de ir y llevar a Cristo a cualquier ambiente, también a quien parece más lejano, más indiferente" (n. 175).

"El Señor busca a todos. Y nos invita a ir sin miedo con el anuncio misionero, allí donde nos encontremos y con quien estemos, en el barrio, en el estudio, en el deporte, en las salidas con los amigos, en el voluntariado o en el trabajo, siempre es bueno y oportuno compartir la alegría del Evangelio. Así es como el Señor se

"Jesucristo cuenta contigo para evangelizar. ¿Le vas a defraudar?"

va acercando a todos. Y a ustedes, jóvenes, los quiere como sus instrumentos para derramar luz y esperanza, porque quiere contar con vuestra valentía, frescura y entusiasmo" (n. 177).

"Amigos, no esperen a mañana para colaborar en la transformación del mundo con su energía, su audacia y su creatividad" (n. 178).

"Un joven que va a una peregrinación a pedirle ayuda a la Virgen, e invita a un amigo o compañero para que lo acompañe, con ese simple gesto está realizando una valiosa acción misionera" (O.c. n. 239).

REFLEXIONAMOS

Reflexionamos y dialogamos sobre las anteriores palabras del papa Francisco a los jóvenes de hoy:

¿Por qué el papa Francisco desaconsejaba "esperar al mañana"?

¿Qué podrías hacer tú hoy para colaborar en hacer un mundo más cristiano?

5. CELEBRAMOS

Cada domingo confirmamos nuestra vocación misionera

En el apartado 2 hemos leído las palabras de Jesús a sus discípulos: *"Vosotros sois la sal de la tierra. Pero si la sal se vuelve sosa, ¿con qué la salarán?"* (Mateo 5, 13). Para que un cristiano conserve vivo su ideal misionero, es necesario que cada domingo reafirme su vocación apostólica en la celebración de la Eucaristía.

Para ser más concretos, vamos a prepararnos en esta catequesis para la celebración de la Eucaristía del próximo Domingo. Conviene recordar cómo participar bien en la Santa Misa:

a) **Ritos iniciales:** Beso del sacerdote al altar. Acto penitencial. Rezo o canto del Gloria. Oración del sacerdote.

b) **La Liturgia de la Palabra:** Los domingos se suelen leer cuatro textos sagrados:
   • 1ª lectura: del Antiguo Testamento.
   • Salmo (con el responsorio).
   • 2ª lectura del Nuevo Testamento (una carta o escrito de los Apóstoles)
   • Lectura del Evangelio, seguida de la homilía. Luego se recita el Credo.

c) **La Liturgia de la Eucaristía:** con los siguientes ritos:
   • Presentación de las ofrendas (el pan y el vino).
   • La Plegaria Eucarística (hay varias y el sacerdote elige una). Aquí está el Momento culminante de la Misa: la Consagración. Comienza con el Prefacio.
   • El Padrenuestro, seguido del rito de la paz y la fracción.
   • La Sagrada Comunión.

d) **Los ritos finales.** Bendición y despedida.

No olvidemos que la **Sagrada Comunión** acrecienta nuestra unión con Cristo y con su Iglesia, fortalece en nosotros la vida de la gracia y nos hacer crecer en las virtudes, especialmente en nuestro amor a Dios y al prójimo. Y, por supuesto, *afianza nuestra vocación misionera.*

LO QUE DEBES RECORDAR

> **Narrar** *el mandato misionero de Cristo a sus discípulos antes de subir al Cielo.*

> **¿Qué mandato dio Jesús a sus discípulos antes de subir al Cielo?** *Les dijo: Id, pues, y haced discípulos a todos los pueblos, bautizándolos en el nombre del Padre y del Hijo y del Espíritu Santo.*

> **Recordar** *las partes y ritos de la celebración de la Eucaristía.*

Estas actividades son para hacer conjuntamente los padres (o uno de ellos) con el hijo o la hija. No es difícil encontrar unos minutos para ayudarles en su formación cristiana.

¿VERDADERO O FALSO?

Escribe en las líneas de abajo las frases falsas de modo correcto:

a) Un cristiano es sal cuando da buen ejemplo y vive según el Evangelio.

b) Un cristiano es luz del mundo cuando su buen ejemplo es bien visible.

c) Jesús les dijo: "Se me ha dado todo poder en el cielo y en el mar".

d) Jesús dijo: "Y sabed que yo estoy con vosotros todos los meses del año".

SOPA DE LETRAS

Busca las palabras que se piden:

A	P	O	S	T	O	L
R	E	X	A	G	T	I
A	S	J	E	S	U	S
P	U	E	B	L	O	S
M	C	N	R	S	A	L
A	I	M	R	E	V	I
L	U	Z	S	O	S	A

Alimento de sabor picante

Lo que da una linterna

Comida insípida

Sirve para dar luz

"Haced discípulos a todos los…

También el cristiano de hoy es…

¿A quién debemos anunciar los discípulos?

UNA CANCIÓN

link

Escuchamos el Himno de la JMJ de Río de Janeiro

LO QUE DEBES RECORDAR

Consulta esta actividad

DEL PAPA FRANCISCO

Leemos y comentamos en familia estas palabras del Papa Francisco a los jóvenes:

- "El evangelio no es para algunos sino para todos".
- "No tengan miedo de ir y llevar a Cristo a cualquier ambiente, también a quien parece más lejano o más indiferente" (n. 175).
- "Jesucristo cuenta contigo para evangelizar. ¿Le vas a defraudar?"

Encuentro 15

MADRE DE LA IGLESIA Y MADRE NUESTRA

🎯 **OBJETIVO** Acrecentar el amor a María, como Madre de la Iglesia y Madre nuestra

1. TERTULIA FAMILIAR

Había llegado el mes de la Virgen y la familia García, como cada año, preparó todo para ir de romería el fin de semana. En la tertulia de la víspera, el padre propuso:

—¿Qué os parece si este año vamos a la Virgen de la Sierra?

—Me parece muy bien, dijo la abuela; yo a esa Virgen la tengo especial cariño. Sonia intervino:

—Abuela, solo hay una Virgen, la Madre de Dios. Me parece que no hay que tener preferencias por una imagen en particular.

—Mira, Sonia. Las imágenes de la Virgen siempre representan a la Virgen María. Pero igual que si tienes varias fotografías de tu madre y dices: "A mí la que más me gusta es esta". Pues lo mismo sucede con las imágenes de Santa María. A mí me gusta más la de mi pueblo.

DIALOGAMOS

¿Qué utilidad tiene el culto a las imágenes de la Virgen? ¿No hay el peligro de exagerar y caer en una especie de superstición?

La visitación de Santa María a su prima Santa Isabel

Las bodas de Caná

"He ahí a tu Madre..."

2. LEEMOS EL TEXTO BÍBLICO

La visitación (Lucas 1, 39-45):

María se puso en camino de prisa hacia la montaña (…); entró en casa de Zacarías y saludó a Isabel. Aconteció que, en cuanto Isabel oyó el saludo de María, saltó la criatura en su vientre. Se llenó Isabel de Espíritu Santo y, levantando la voz, exclamó: «¡Bendita tú entre todas las mujeres, y bendito el fruto de tu vientre! ¿Quién soy yo para que me visite la madre de mi Señor? (…). Bienaventurada la que ha creído, porque lo que te ha dicho el Señor se cumplirá».

Las bodas de Caná (Juan 2, 1-11)

Había una boda en Caná de Galilea (…). Jesús y sus discípulos estaban invitados a la boda. Faltó el vino, y la madre de Jesús le dice: «No tienen vino». Jesús le dice: «Mujer, ¿qué tengo yo que ver en esto? Todavía no ha llegado mi hora». Su madre dice a los sirvientes: «Haced lo que Él os diga». Había allí colocadas seis tinajas de piedra (…), de unos cien litros cada una. Jesús les dice: «Llenad las tinajas de agua». Y las llenaron hasta arriba. Entonces les dice: «Sacad ahora y llevadlo al mayordomo». Ellos se lo llevaron. El mayordomo probó el agua convertida en vino sin saber de dónde venía (…) llamó al esposo y le dijo: «Todo el mundo pone primero el vino bueno, y cuando ya están bebidos, el peor; tú, en cambio, has guardado el vino mejor hasta ahora».

«He ahí a tu Madre...» (Juan 19, 26-27)

Jesús, al ver a su madre y junto a ella al discípulo al que amaba, dijo a su madre: «Mujer, ahí tienes a tu hijo». Luego, dijo al discípulo: «Ahí tienes a tu madre». Y desde aquella hora, el discípulo la recibió en su casa.

link

Vemos el vídeo "Nuestra Madre del Cielo".

Qué dice el texto

La visitación

Después de la Anunciación, María se puso en camino hacia las montañas de Judá para visitar a su prima Isabel. Cuando llegó, Isabel, llena del Espíritu Santo, prorrumpió en un cántico de alabanza: "*¡Bendita tú eres entre todas las mujeres, y bendito el fruto de tu vientre!*" Son las palabras que rezamos todos los cristianos en el Avemaría.

Las bodas de Caná

La Virgen María en las bodas de Caná intermedió en favor de aquellos recién casados y "arrancó" de Jesús el primer milagro de su Hijo cuando aún "no había llegado la hora". Jesús ordenó que se llenaran las tinajas de agua e hizo el milagro de la conversión del agua en un vino excelente. El título de Mediador es exclusivo de Jesucristo; la mediación de María es una *mediación subordinada* a la del Redentor (*la Virgen María es mediadora ante el Mediador*) y en nada disminuye la única mediación de Cristo, sino que más bien muestra su eficacia.

"He ahí a tu Madre…"

Jesús en la Cruz dijo a su madre: "*Mujer, ahí tienes a tu hijo*". Y luego, dijo al discípulo: "*Ahí tienes a tu madre. Y desde aquella hora, el discípulo la recibió en su casa*". ¿Qué significa "recibir en su casa"? Significa recibir a María en su vida, en su corazón, en la Casa de la Iglesia; así, Juan en ese momento representaba a todos los discípulos de Jesús, de todas las épocas, hasta el fin del mundo.

Qué me dice Jesús a mí

"¿Te das cuenta del inmenso don que has recibido al darte a mi Madre como Madre tuya y de todos los hombres y mujeres del mundo?" Tienes que querer mucho a la Virgen y acudir a Ella con enorme confianza porque Ella siempre escucha todas vuestras peticiones sin olvidar ninguna. **¿Qué propósito puedes hacer? Escríbelo:**

Qué le puedo decir yo a Jesús

¡Gracias, Jesús, por haberme "regalado" a tu Madre para que me proteja siempre en todas mis necesidades! **Quiero ser un buen hijo de Santa María y que Ella me ayude a:**

4. TESTIGOS DE LA FE

Junto con su prima **LUCÍA**, **FRANCISCO** y **JACINTA MARTO** fueron testigos de las apariciones de la Virgen María en Fátima (Portugal) del 13 de mayo al 13 de octubre de 1917. Ambos tenían 9 y 7 años respectivamente en las semanas de las apariciones de la Virgen.

Antes de la primera aparición de la Virgen, un ángel se les apareció, y dijo a los tres pastorcitos: *Consolad a vuestro Dios*. Estas palabras impresionaron vivamente a Francisco y orientaron toda su vida.

Una noche, su padre lo oyó sollozar y le preguntó por qué lloraba; el niño respondió: *Pensaba en Jesús, que está muy triste a causa de los pecados que se cometen contra Él. Desde entonces hasta su muerte, vivirá movido por el único deseo de consolar y dar alegrías a Jesús.*

Francisco tenía un amor muy grande al Santísimo Sacramento de la Eucaristía, al que llamaba *Jesús Escondido*. Estando ya muy enfermo, le decía a su prima: *Mira: ve a la iglesia y da muchos recuerdos míos a Jesús Escondido. De lo que tengo más pena es de no poder ir a estar un rato junto a Él.*

Hacia finales de febrero de 1919, el estado de Francisco se agravaba sin cesar. Una vez Jacinta le preguntó si sufría, y él le respondió: *Bastante. Me duele tanto la cabeza…, pero no me importa. Quiero soportarlo y sufrir para consolar a Nuestro Señor. Además, en breve iré al cielo.* Francisco murió en 1919 con 11 años y su hermana Jacinta un año después con 10 años. Ambos fueron canonizados por el papa Juan Pablo II en Fátima el año 2000. Lucía vivió más de 90 años difundiendo desde el Carmelo de Coimbra (Portugal) el mensaje que les había entregado la Virgen en Fátima para el mundo entero.

DIALOGAMOS

¿Qué significa la frase que dijo el ángel a los tres niños: "Consolad a vuestro Dios"?

¿Cómo puede un chico o chica de vuestra edad consolar a Jesús?

¿Por qué Francisco llamaba al Santísimo Sacramento de la Eucaristía "Jesús Escondido"?

¿Por qué Jesús ha querido quedarse con esa presencia tan humilde?

5. CELEBRAMOS

Los católicos veneramos y honramos a nuestra Madre la Virgen María de muchas maneras. Veamos algunas:

➕ **Las fiestas marianas**, en las que los fieles cristianos podemos participar en ellas con la oración y el culto a Nuestra Señora.

➕ **El rezo del Santo Rosario**, que ha sido recomendado por los Romanos pontífices con mucha insistencia.

➕ **El ángelus** que, como ya vimos, está orientado a recordar el momento de la Encarnación del Hijo de Dios en el seno de la Virgen María. Se suele rezar a las 12 del mediodía.

➕ **El escapulario de la Virgen del Carmen.** Esta devoción consiste en llevar una medalla escapulario con la imagen de Nuestra Señora en un lado y el Sagrado Corazón de Jesús en el otro. La Virgen ha prometido especial protección a quienes lo llevan, especialmente, en el momento de su muerte.

➕ **Las tres avemarías de la noche.** Con esta devoción hacemos que nuestro último pensamiento del día esté centrado en Ella y en su Hijo.

➕ **La consagración a la Virgen María.** Con la consagración nos comprometemos de un modo profundo a imitar las virtudes de nuestra Madre del cielo y a vivir fielmente nuestra vocación cristiana.

➕ **Las Romerías o peregrinaciones a santuarios o ermitas marianos.** Es frecuente que en algunas localidades se tenga una especial devoción a una advocación concreta de la Virgen María y sea costumbre ir en peregrinación a ese lugar el día de su fiesta.

link

Escuchamos la canción
"Bendita sea tu pureza"

LO QUE DEBES RECORDAR

> *Narrar* alguno de los textos del Evangelio citados en el apartado 2.

> *¿Cuál es la misión de la Virgen María en el cielo?* La Virgen María, como Madre de Dios y Madre nuestra, continúa en el cielo ejerciendo su oficio de Madre con todos los hijos de la Iglesia.

> *Contar* la historia de los niños de Fátima, en especial de Francisco.

Estas actividades son para hacer conjuntamente los padres (o uno de ellos) con el hijo o la hija. No es difícil encontrar unos minutos para ayudarles en su formación cristiana.

VER EL VÍDEO

link

Vemos el vídeo **"Nuestra Madre del Cielo"** y lo comentamos con nuestros padres.

HACEMOS UN PROPÓSITO

Rezar cada día, si es posible en familia, al menos un misterio del santo Rosario recordando la escena y pidiendo a Santa María por una intención concreta.

UNA CANCIÓN

Le dedicamos a la Virgen María la canción *"Bendita sea tu pureza"*.

LO QUE DEBES RECORDAR

Consulta esta actividad

¿CONOCES BIEN LOS EVANGELIOS?

Leemos: *Junto en la cruz al ver a su madre y junto a ella al discípulo al que amaba, dijo a su madre: -Mujer, ahí tienes a tu hijo. Luego, dijo al discípulo: -Ahí tienes a tu madre. Y desde aquella hora, el discípulo la recibió como algo propio.* (Juan 19, 25-27).

Dialogamos: ¿Qué quiso Jesús decir a su Madre? ¿Y qué quiso decirle a San Juan?

SIGNO CRISTIANO: EL SANTO ROSARIO

La oración del Santo Rosario es *"la oración que más le gusta a la Virgen María"* (Juan Pablo II). En ella rezamos el Padrenuestro y recordamos en cada Avemaría el saludo angélico que nos trajo la Salvación en Jesucristo. Y, a la vez, vamos considerando las escenas de la vida del Señor y de nuestra Madre. Sor Lucia de Fátima dijo que el Rosario es *"el Evangelio de los pobres, de los humildes"* (Sor Lucia de Fátima).

EL PROYECTO "CATEQUESIS DE ORIENTACIÓN CATECUMENAL": ORIENTACIONES PARA LOS CATEQUISTAS

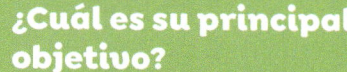

¿Cuál es su principal objetivo?

En este proyecto de catequesis, por tanto, no se prepara a una persona *para que reciba éste o el otro sacramento* sino *para que descubra, acepte, siga y aprenda a amar a la Persona de Jesucristo.*

Seguir a Jesucristo "no es un hecho que interesa sólo a nuestra inteligencia, sino que es un cambio que involucra la vida, la totalidad de nosotros mismos: sentimiento, corazón, inteligencia, voluntad, corporeidad, emociones, relaciones humanas. Con la fe en Jesucristo cambia verdaderamente todo en nosotros y para nosotros, y se revela con claridad nuestro destino futuro, la verdad de nuestra vocación en la historia, el sentido de la vida, el gusto de ser peregrinos hacia la Patria celestial" (Benedicto XVI, Audiencia 17-X-2012).

Unas **palabras del papa Francisco, dirigidas a los Obispos de España,** son muy adecuadas para entender la actualidad de los planteamientos del presente proyecto: "El momento actual (…) exige *poner a vuestras Iglesias en un verdadero estado de misión permanente, para llamar a quienes se han alejado y fortalecer la fe, especialmente en los niños. Para ello no dejéis de prestar una atención particular al proceso de iniciación a la vida cristiana"* (…) y al *"acompañamiento de las familias (…) Iglesia doméstica donde se fragua y se vive la fe. Una familia evangelizada es un valioso agente de evangelización"* (Discurso del 3-III-2014).

Descripción del proyecto en sus tres niveles

El proyecto "Catequesis de Orientación Catecumenal" está estructurado en tres niveles, para ser desarrollado a lo largo de tres cursos o en tres cursillos más breves.

En una *Visión de conjunto* tendríamos el siguiente esquema:

Nivel 1: Creación, promesas y alianzas (Dios Padre)

Nivel 2: Realización de las promesas y de la alianza (Jesucristo Redentor)

Nivel 3: Actualización y vivencia de la Redención (Espíritu Santo e Iglesia)

En una visión más detallada, desglosamos los siguientes "encuentros" para cada uno de los tres niveles:

NIVEL 1

1	Dios creó el mundo por amor
2	Dios creó al hombre y a la mujer (y les colmó de dones)
3	El ser humano se aleja de Dios
4	Dios sale al encuentro del hombre (promesa del Salvador)
5	Dios hace una alianza con Noé
6	Dios elige un pueblo: alianza con Abrahán
7	Dios prueba la fe de Abraham
8	Dios libera a su pueblo de la esclavitud: Moisés-La Pascua
9	Dios ratifica su alianza en el Sinaí: Moisés-Los 10 Mandamientos
10	Dios guía a su pueblo en el desierto y le da la tierra prometida
11	Dios elige a David, del cual nacerá el Mesías
12	David anuncia un nuevo Reino
13	Los profetas anuncian al Mesías Salvador
14	Dios anuncia una alianza nueva y definitiva

NIVEL 2	NIVEL 3
1. Dios cumple sus promesas (Anunciación y Encarnación)	1. El libro de los Hechos de los Apóstoles
2. El Salvador nace en Belén	2. La primera piedra: el kerigma
3. El Bautismo de Jesús en el Jordán	3. Pentecostés: hombres nuevos
4. Jesús cura a los enfermos	4. La primera comunidad cristiana
5. Jesús perdona mis pecados	5. Un modo de vida nuevo
6. "Yo soy la Resurrección y la Vida"	6. Un mundo sin fronteras
7. La Última Cena (Introducción al Misterio Pascual)	7. Más de Cristo y más de la Iglesia
8. "¡Ten compasión de mí!"	8. Reunidos cada domingo
9. Jesús murió por mí y por todos	9. Las iglesias domésticas
10. Jesús Resucitó y se apareció a los Apóstoles	10. El amor divino y humano
11. Jesús en el camino de Emaús	11. Desprendidos de los bienes materiales
12. Jesús sube al Cielo y nos envía el Espíritu Santo	12. Pecadores perdonados
13. La Iglesia (Pueblo de Dios-Cuerpo de Cristo-Comunión)	13. Cambiar el mundo
14. "Id por todo el mundo" (Misión apostólica)	14. Misioneros ayer, hoy, siempre
15. María, Madre de la Iglesia y Madre nuestra	15. María, Reina de los apóstoles

Estructura de cada uno de los encuentros

Cada uno de los encuentros está pensado para impartirlo en dos semanas. Por eso, en un trimestre podrán impartirse cinco encuentros. Todos los encuentros tienen la siguiente estructura:

 **OBJETIVO**

PRIMERA PARTE

1. **Introducción**
2. **Leemos el texto bíblico**
3. **Analizamos el texto bíblico**

SEGUNDA PARTE

4. **Testigos de la fe**
5. **Celebramos**
6. **Catequesis en familia**

El *objetivo* formula la finalidad de cada encuentro, aquello que se quiere transmitir y enseñar a vivir a través de los diferentes apartados que lo desarrollan.

La división de cada encuentro en dos partes tiene como finalidad presentar a los catequistas **una propuesta práctica de programación**, a razón de unos cinco encuentros por trimestre. Es un plan sencillo y normalmente asequible.

La finalidad de cada uno de los *apartados* es la siguiente:

1. *Introducción:* la primera página de cada encuentro tiene como fin introducir el tema de un modo atrayente y ameno. En el nivel 1 este apartado se llama "Nos situamos"; en el nivel 2 "Tertulia familiar", etc.

2. *Leemos el texto bíblico:* este es un momento muy importante, pues de una lectura atenta, pausada y bien asimilada va a depender la adecuada identificación con el objetivo que se propone en cada encuentro. La imagen que va en esta página está pensada para que sea comentada por el catequista y ayude a los catequizandos identificarse mejor con el texto bíblico.

3. *Analizamos el texto bíblico:* es importante hacer un cuidadoso análisis del texto bíblico para destacar lo que nos quiere decir el autor del texto y también aquello que Dios nos quiera sugerir o inspirar con esa lectura. Muchas veces deberá tener el tono de una breve reflexión o meditación en un clima de diálogo entre el catequista y los catequizandos.

4. **Testigos de la fe:** en cada encuentro se dedica esta página a una breve semblanza de un cristiano o cristiana ejemplar, que puede ser un santo de la Iglesia o un joven de nuestros días que haya dado un testimonio cristiano destacado.

5. **Celebramos:** esta página, que suele tener contenido litúrgico, tiene como finalidad "enseñar a orar" por medio de un himno, un canto, un prefacio o una oración en común. Es el momento celebrativo de cada encuentro y aquí será importante la dinámica que aplique el catequista para conseguir una participación activa y piadosa de su grupo de catecúmenos.

6. **Catequesis en familia:** Cada encuentro ofrece en la página final unas *actividades para vivir en familia. Este momento familiar tiene mucho interés* pues se ofrece a los padres la ocasión de vivir un rato semanal o quincenal de "catequesis en familia", de conversar con su hijo/a sobre un pasaje del Evangelio, de ver juntos un vídeo con mensaje cristiano o de realizar conjuntamente (padres e hijo/a) una actividad simpática, por ejemplo, una sopa de letras, leer e interpretar una poesía con mensaje espiritual o escuchar una canción.

En estas catequesis los catecúmenos y catequizandos deben aprender a vivir y a orar en comunidad y a participar activamente en la vida y misión de la Iglesia. El Concilio Vaticano II señala a los pastores la necesidad de «cultivar debidamente el espíritu de comunidad» y a los catecúmenos la de «aprender a cooperar eficazmente en la evangelización y edificación de la Iglesia».

La belleza de las imágenes

Un aspecto que hemos querido cuidar de modo especial ha sido la calidad y belleza de las imágenes, tanto las que ilustran los tres libros como las que se trasmiten por medio de los vídeos y canciones. En este punto hemos seguido la recomendación del papa Francisco en su Exhortación "La

alegría del Evangelio": "Es bueno que toda catequesis preste una especial atención al «camino de la belleza» (via pulchritudinis). Anunciar a Cristo significa mostrar que creer en Él y seguirlo no es sólo algo verdadero y justo, sino también bello, capaz de colmar la vida de un nuevo resplandor y de un gozo profundo, aun en medio de las pruebas. En esta línea, todas las expresiones de verdadera belleza pueden ser reconocidas como un sendero que ayuda a encontrarse con el Señor Jesús" (Evangelii Gaudium n. 167).

Implicar a los padres de familia

Si buscamos *formar niños o jóvenes cristianos* hemos de considerar la necesidad de implicar a los padres en el proceso de iniciación cristiana de sus hijos. Como decía un buen y experto párroco: "Si los padres no están ahí, los chicos no siguen después".

La experiencia demuestra que, informados y motivados de modo conveniente, un número significativo de padres, a veces poco o nada practicantes, suelen aceptar y apoyar para sus hijos un proyecto de Catecumenado sistemático, pues en su subconsciente no quieren para sus hijos la indiferencia religiosa presente en gran parte de la juventud actual.

En este contexto, el proyecto "Catequesis de Orientación Catecumenal" ofrece a los padres la posibilidad de participar de una forma sencilla y natural por medio de los materiales que se les entregan. Si se pone interés en hacer estas actividades con el hijo/a, estos ratos de "catequesis en familia" resultarán una ayuda eficaz para lograr en el hogar un ambiente familiar más cristiano. Además, los padres que se implican en este proceso refuerzan su vida cristiana pues "la fe crece cuando se transmite" (Benedicto XVI y el papa Francisco en diversos discursos).

Todos los esfuerzos que se hagan para implicar a los padres en la iniciación cristiana de sus hijos están en la buena dirección, hasta el punto de que ese es el objetivo más importante de la catequesis (Cf. Enzo Biemmi, *El segundo anuncio*. Sal Terrae, págs. 65 y ss.).

No hay recetas únicas para implicar a los padres. Sin embargo, las cosas buenas que se van haciendo, aunque parezca que se camina despacio, dan excelentes pistas.

Tener al menos una reunión trimensual con los padres. En la primera reunión con ellos se les puede exponer las líneas generales del proyecto "Catequesis de Orientación Catecumenal" y la importancia de su colaboración en bien de sus hijos. A la vez, se les puede comentar en qué consistirían las sesiones semanales o quincenales de "catequesis en familia" previstas para realizar en casa, y se les pueden presentar algunos ejemplos de la página seis de cada encuentro que es la dedicada a la "catequesis en familia". Se les hará ver que son actividades sencillas que esta participación espontánea y libre de los padres es muy eficaz para la formación cristiana de los hijos.

Cómo poner en marcha este proyecto en una parroquia o colegio

Hay muchas maneras de iniciar un Proyecto de Catequesis de Orientación Catecumenal en una parroquia, colegio o movimiento. A continuación exponemos los pasos que, según nuestra experiencia, se pueden dar para iniciarlo:

- **El párroco o el capellán** que lo promueve debería formular por escrito el proyecto con bastante detalle. En este punto será muy positiva la colaboración activa de los catequistas. Y, lógicamente, adecuar lo mejor posible el proyecto a aquellos a quienes va dirigido.

- **Seleccionar a los catequistas apropiados.** Este punto es clave, pues serán ellos quienes han de impulsar y orientar este tipo peculiar de catequesis manteniendo una relación de colaboración cercana y amistosa con los jóvenes y con los padres de los chicos que participan en el proyecto.

Los catequistas

Probablemente un buen número de los catequistas que se encarguen de estas catequesis catecumenales sean fieles laicos. Pues bien, los catequistas laicos "al vivir la misma forma de vida que aquellos a quienes catequizan, tienen una especial sensibilidad para encarnar el Evangelio en la vida concreta. Los propios catecúmenos y catequizandos pueden encontrar en ellos un modelo cristiano cercano en el que proyectar su futuro como creyentes (…). El Señor Jesús invita así, de una forma especial, a hombres y mujeres, a seguirle precisamente en cuanto maestro y formador de discípulos. Esta llamada personal de Jesucristo, y la relación con El, son el verdadero motor de la acción del catequista. De este conocimiento amoroso de Cristo es de donde brota el deseo de anunciarlo, de evangelizar, y de llevar a otros al "sí" de la fe en Jesucristo".

Elementos propios del Catecumenado: etapas, ritos, escrutinios

Es tradicional en toda catequesis parroquial o escolar programar algunas *celebraciones de la Palabra* (por ejemplo, la entrega de la Biblia, del Catecismo o del Padrenuestro). Estas celebraciones de la Palabra son muy adecuadas para desarrollar en los catecúmenos y en sus familias el sentido religioso y el espíritu de comunidad.

En unas catequesis de orientación catecumenal como las que ahora presentamos estas celebraciones adquieren especial importancia. La **Cuaresma** ha de cobrar toda su pujanza para ofrecer una más intensa preparación de los catecúmenos; y la **Vigilia Pascual** es el tiempo más adecuado para administrar los sacramentos de la iniciación.

En el supuesto de niños y niñas en edad escolar que comienzan su iniciación cristiana, las celebraciones se jalonan según prescribe el **Ritual de Iniciación cristiana de adultos, capítulo V.**

Cuando se trata de bautizados que ya han recibido la Primera Eucaristía y quieren completarla con la Confirmación, una posible *secuencia celebrativa* de las etapas y ritos podría ser la siguiente:

1. **Nivel 1**: Rito de entrada (a principios del Nivel 1).

2. **Nivel 2**: Celebración penitencial: el tiempo de purificación e iluminación de los catecúmenos de ordinario será a lo largo de la Cuaresma, que es tiempo muy adecuado para una celebración de la Penitencia. Así se disponen los catecúmenos para celebrar el Misterio Pascual y recibir la Eucaristía.

3. **Nivel 3**: Segunda celebración Penitencial, previa a la Confirmación.

4. Entregas del Credo y Padre Nuestro (+Evangelio y Cruz): después de recibir la Confirmación.

Completar la iniciación cristiana con la Confirmación

Una de las principales finalidades del proyecto Junior "Catequesis de Orientación Catecumenal" es, precisamente, ayudar a jóvenes a completar su iniciación cristiana y recibir el Sacramento de la Confirmación. Por ello, ahora seremos muy breves.

Según el Catecismo de la Iglesia Católica, "el sacramento de la Confirmación constituye con el Bautismo y la Eucaristía

el conjunto de los "sacramentos de la iniciación cristiana", cuya unidad debe ser salvaguardada. Es preciso, pues, explicar a los fieles que la recepción de este sacramento es necesaria para la plenitud de la gracia bautismal. En efecto, a los bautizados "el sacramento de la Confirmación los une más íntimamente a la Iglesia y los enriquece con una fortaleza especial del Espíritu Santo. De esta forma quedan obligados aún más, como auténticos testigos de Cristo, a extender y defender la fe con sus palabras y sus obras" (cf *Ritual de la Confirmación*) (*CEC*, n. 1285).

Por eso, "la preparación para la Confirmación debe tener como meta conducir al cristiano a una unión más íntima con Cristo, a una familiaridad más viva con el Espíritu Santo, su acción, sus dones y sus llamadas", y su catequesis "se esforzará por suscitar el sentido de la pertenencia a la Iglesia de Jesucristo, tanto a la Iglesia universal como a la comunidad parroquial. Esta última tiene una responsabilidad particular en la preparación de los confirmandos (cf *Ritual de la Confirmación*)" (*CEC*, n. 1309).

Todos estos objetivos se van desarrollando a lo largo del proyecto "Catequesis de Orientación Catecumenal" Junior.

Medios audiovisuales y Anexos

Los *contenidos multimedia* que forman parte del proyecto editado "Catequesis de Orientación Catecumenal" (canciones y vídeos) han sido seleccionados por su calidad y dependiendo de las edades de cada Nivel. En cada contenido audiovisual hay un código QR que dirige nuestra página web donde podrás ver todos los vídeos.

Son vídeos y canciones muy adecuados para los jóvenes; tienen también la virtud de ser bastante breves, pues casi nunca superan los 5 minutos, lo cual facilita su uso en la sesión de catequesis parroquial o escolar y en la familia.

Al final de cada uno de los tres libros van cuatro *anexos*:

- Glosario
- Oraciones
- Misal
- ¿Cómo hacer una buena confesión?

El *anexo Glosario* recoge los términos del *vocabulario cristiano básico* que se han utilizado en la exposición de los 15 encuentros de cada Nivel.

El *anexo Oraciones* recoge las oraciones cristianas más comunes: el Padrenuestro, el Avemaría y el Gloria; las oraciones más conocidas a la Santísima Virgen: la Salve, el Acordaos, el Angelus; el acto de contrición, etc.

El *anexo Misal* tiene como finalidad facilitar al catequizando una breve exposición de las partes y ritos de la Misa que pueda serle útil para participar de un modo atento y piadoso en la celebración dominical de la Eucaristía.

Cómo facilitar la perseverancia al finalizar la Catequesis de Orientación Catecumenal

Una de las cosas que más entristece a los pastores de la Iglesia y a los catequistas es ver cómo, con excesiva frecuencia, bastantes chicos y chicas

que han acudido durante dos o tres años a las catequesis de preparación para la Confirmación, una vez confirmados, se alejan de la parroquia y de la Iglesia. Sería muy interesante conocer bien los motivos de esas *deserciones*. Pensamos que uno de los factores más decisivos es el no haber logrado una conexión suficientemente fuerte, efectiva y afectiva, con otros jóvenes que están bien integrados en instituciones de la Iglesia o en la propia parroquia.

Por eso, desearíamos subrayar la importancia que tiene proporcionar a estos chicos y chicas, dentro de las actividades previstas para su formación, un conocimiento no solo teórico, sino vivo y cercano de algunas realidades eclesiales. Sería muy deseable que este fuera *uno de los objetivos principales de los párrocos* durante este periodo de formación para los jóvenes que están en la etapa de la Confirmación.

Para ello, les haría mucho bien a estos jóvenes del Catecumenado escuchar de vez en cuando el testimonio de otros jóvenes que colaboran con algunas de esas realidades eclesiales y participar en *actividades de voluntariado* de Caritas, Manos Unidas, Banco de Alimentos, Monitores de algunas actividades de la parroquia (deportes, visitas a ancianos o a enfermos, convivencias y campamentos, etc.). Así mismo, algunos de ellos podrían ser *catequistas* y ayudar a las catequesis y dinámicas de los más pequeños (por ejemplo, entre 6 y 10 años). Estos chicos y chicas crecen rápidamente y podrán ser pronto futuros monitores o catequistas.

Los autores

GLOSARIO

A

Absolución: Perdón de los pecados que otorga el sacerdote, en nombre de Jesucristo, dentro del Sacramento de la Penitencia.

Adorar: Reconocer que Dios está por encima de todo lo creado. Sólo a Dios le debemos adoración.

Adviento: Tiempo de preparación a la última venida del Señor (hasta el 16.XII) y a la Navidad (desde el 17.XII).

Alianza: Pacto que hizo Dios con el Pueblo de Israel.

Alma: Elemento espiritual que da fuerza y vida al ser humano. Dios crea y da un alma a cada persona.

Altar: Mesa santa sobre la que se celebra la Eucaristía o Misa.

Amar: Querer a una persona. Dios nos manda amarle primero a Él y luego a nuestros prójimos.

Ángeles: Espíritus puros creados por Dios para alabarle y para ayudar a los hombres en el camino de la salvación. Dios ha dado a cada persona un Ángel de la Guarda o Custodio.

Antiguo Testamento: La parte de la Biblia que cuenta los hechos sucedidos antes de la venida de Jesús al mundo.

Anunciación: Anuncio que recibió la Virgen María del ángel Gabriel de que iba a ser la Madre del Salvador.

Apóstoles: Los doce hombres que Jesús escogió para predicar el Evangelio por toda la tierra.

Arrepentimiento: Pesar o dolor por haber ofendido a Dios.

Ascensión: Subida de Jesús al cielo, por su propio poder.

Asunción: Subida de la Virgen María al cielo en cuerpo y alma, por el poder de Dios.

B

Bautismo: Sacramento por el cual Dios nos hace hijos suyos, nos borra el pecado original y los pecados personales, nos da la gracia del Espíritu Santo y comenzamos a ser miembros de la Iglesia.

Belén: Pueblo de Palestina en el que nació Jesús. Representación con figuras del nacimiento de Jesús.

Biblia: Conjunto de libros que forman las Sagradas Escrituras, cuyo principal autor es Dios. Se divide en dos partes: Antiguo y Nuevo Testamento.

Bienaventuranzas: Los caminos que enseñó Jesús para alcanzar el cielo.

Blasfemia: Palabra injuriosa contra Dios, la Virgen o los santos.

C

Calvario: Nombre del monte en el que fue crucificado Jesús.

Caridad: Virtud que consiste en amar primero a Dios y después a nuestro prójimo. Es el principal Mandamiento de Jesús.

Católico: El que profesa la religión católica. Católica significa universal.

Cáliz: Copa que Jesús usó en la última cena. Copa que usa el sacerdote en la Misa.

Cenáculo: Habitación en la que Jesús celebró la última cena con los Apóstoles.

Cielo: La felicidad de los que ya gozan de Dios para siempre.

Comunión: Recibir el Cuerpo de Cristo consagrado en la Santa Misa.

Conciencia: Capacidad de la persona humana para juzgar sobre la bondad o maldad de sus actos.

Confesión: Decir los pecados al sacerdote en el Sacramento de la Penitencia para recibir el perdón de Dios.

Consagración: Momento de la Misa en el que el pan y el vino se convierten en el Cuerpo y Sangre de Jesucristo.

Conversión: Reconciliarse con Dios. Ver reconciliación.

Creación: El conjunto de la obra salida de las manos de Dios.

Crear: Hacer algo de la nada. Dios creó el mundo de la nada.

Credo: El conjunto de verdades de la fe católica.

Crisma: Aceite de oliva mezclado aceites naturales olorosos y bendecido por el obispo, que se utiliza para ungir a los que reciben el Bautismo, la Confirmación y el Orden Sacerdotal.

Cristiano: El que es discípulo de Jesucristo.

Crucifijo: Imagen de Cristo crucificado.

Cruz: La señal del cristiano, pues en ella quiso Jesús morir para salvarnos.

Cuaresma: Tiempo de preparación para la Pascua, sobre todo, mediante la conversión, la penitencia y la limosna.

D

Decálogo: Los diez Mandamientos de la Ley de Dios.

Demonio: Un ángel que se rebeló contra Dios, arrastrando a muchos otros. Se opone a Dios y trata de perder a los hombres.

Derechos del hombre: Los que corresponden a todo ser humano por su dignidad de hijo de Dios. Esta dignidad es igual para todos, sin distinción de edad, sexo, raza, cultura o religión.

Destierro: Hecho de desterrar; echar a alguien de su país. El pueblo judío fue desterrado a Babilonia.

Diócesis: Territorio en el que ejerce su servicio y autoridad un Obispo.

Dios: Nuestro Padre del cielo, Creador y Señor de todas las cosas.

Discípulo: Los hombres y mujeres que seguían a Jesús. También nosotros somos ahora discípulos de Jesús.

Domingo: Día en el que los cristianos celebramos la Resurrección de Jesucristo sobre todo participando en la Eucaristía.

Emmanuel: Significa «Dios con nosotros». Jesús es el *Emmanuel*.

Emperador: Jefe supremo del Imperio.

Encarnación: Misterio por el cual el Hijo de Dios se hizo hombre tomando carne en las entrañas purísimas de la Virgen María.

Envidia: Sentir disgusto o pesar por el bien ajeno.

Epifanía: La fiesta que celebra la manifestación de Jesús, el Salvador, a toda la humanidad representada por los Magos de Oriente.

Esperanza: La virtud que nos lleva a confiar en que Dios nos ayudará siempre en el camino de la salvación.

Espíritu Santo: La tercera Persona de la Santísima Trinidad. Es Dios como el Padre y el Hijo.

Eternidad: Que no tiene fin. Dios es eterno. El cielo y el infierno también serán eternos.

Eucaristía: El sacramento que actualiza el sacrificio redentor de Jesucristo y que Él se haga presente con su Cuerpo, Sangre, Alma y Divinidad para que podamos comulgarlo.

Evangelio: Significa «Buena Noticia». Nos han llegado cuatro Evangelios que recogen la vida y las palabras de Jesús, según los relatos de Mateo, Marcos, Lucas y Juan.

Examen de conciencia: Una de las cosas que debemos hacer antes de recibir el sacramento de la Penitencia: pensar atentamente las faltas o pecados que debemos declarar en la confesión.

Éxodo: Salida de los israelitas de su cautividad en Egipto.

Fariseo: Hombre que formaba parte de una secta entre los judíos. Muchos fariseos fueron enemigos de Jesús.

Fe: Virtud por la que creemos lo que Dios nos ha revelado y la Iglesia nos enseña.

Felicidad: El estado de plena alegría y gozo de los que ya están en el cielo.

Fiel: Todo bautizado que vive la fe de la Iglesia.

Firmamento: El conjunto de los astros del cielo.

Fraternidad: Unión y amor que debemos tener a todos los hombres los que seguimos a Jesús.

Generoso: El que tiene un corazón bueno y comparte sus cosas con los demás.

Genuflexión: Gesto que consiste en poner una rodilla en el suelo en señal de adoración a Dios. Se hace, por ejemplo, ante el Sagrario.

Gracia: Don divino que nos hace hijos de Dios y herederos del cielo.

Hebreo: Ver israelita.

Historia de la Salvación: La historia de las relaciones de Dios con los hombres y de éstos con Dios. Está narrada en la Biblia. Su centro es la persona de Jesucristo.

Homicidio: Matar a otra persona.

Honrar: Respetar a las personas. Tenemos especialmente el deber de honrar a nuestros padres.

Hostia: Pan sin levadura que consagra el sacerdote en la Misa y se convierte en el Cuerpo de Cristo.

Hurtar: Acción de robar, es decir, de apoderarse de una cosa contra la voluntad de su dueño.

Ídolo: Imagen de un dios falso.

Idolatría: Acción de adorar a un ídolo.

Iglesia: Familia de los hijos de Dios formada por todos los bautizados. Lugar destinado a dar culto a Dios.

Imagen: Representación de una figura de Jesús, la Virgen o los santos.

Infalible: Que no se equivoca; que no engaña. El Papa es infalible cuando enseña, de modo solemne, y con intención de obligar a todos los fieles, una verdad de fe o de moral como Pastor supremo de la Iglesia.

Infidelidad: Falta de fidelidad, en especial a Dios.

Infierno: El sufrimiento de los que, después de la muerte, viven para siempre separados de Dios.

Inmaculada Concepción: Se dice de la Virgen María, porque nació sin la mancha del pecado original, con el que todos nacemos.

Israelita: Los que forman parte del pueblo de Israel.

Jaculatoria: Frase breve dirigida con amor a Jesús, a la Virgen o a algún santo.

Jerarquía: Se llama en la Iglesia a quienes han recibido el Sacramento del Orden Sacerdotal.

Jesús o Jesucristo: El Hijo único de Dios, verdadero Dios como su Padre. Se hizo hombre para salvarnos y darnos la vida divina.

Judíos: Ver israelita.

Juicio: Facultad de juzgar.

Juicio final: Cuando al fin del mundo Jesucristo venga a juzgar a todos los hombres.

Justicia: Virtud que consiste en ser justo, dando a cada uno lo suyo.

Justo: El que vive la justicia. También significa santo.

Laico: Los cristianos corrientes que deben dar testimonio de Jesús en el mundo, sobre todo en su familia y en su trabajo.

Ley de Dios: Se contiene en el Decálogo, es decir, en los Diez Mandamientos.

Liberación: El hecho de alcanzar la libertad. La principal liberación es la del pecado. Jesús nos ha liberado del pecado.

Libertad: Facultad que tiene el hombre de obrar de una manera o de otra.

Liturgia: Celebración de los misterios de nuestra redención, mediante la Palabra de Dios, los sacramentos, el año litúrgico y el oficio divino.

Magisterio (de la Iglesia): Enseñanzas que la Iglesia da a los fieles por medio del Papa y de los Obispos.

Maná: Alimento misterioso que Dios envió al pueblo de Israel cuando iba por el desierto.

Mandamientos: La Ley de Dios contenida en el Decálogo.

Mártir: El que da la vida por amor a Jesucristo.

Matrimonio: Sacramento que santifica la unión entre el hombre y la mujer para que formen una familia cristiana.

Mediador: El que media o hace de intermediario entre dos partes. Jesucristo es el único que puede hacer de "Mediador" entre Dios y los hombres al ser, a la vez, Dios verdadero y hombre verdadero.

Mentir: Decir lo contrario a lo que uno sabe o piensa.

Mesías: El Hijo de Dios, el Salvador prometido por los profetas a los israelitas.

Milagro: Hecho admirable debido al poder de Dios.

Misa: La actualización del sacrificio de la Cruz, que ofrece Jesucristo por medio del sacerdote.

Misericordia: Tener pena y compasión de los males ajenos.

Misionero: Cristiano (sacerdote, religioso o laico) que predica el Evangelio a los que no conocen a Jesucristo.

Moral: Ciencia que trata de las acciones humanas y enseña el modo de obrar bien.

Naturaleza: El conjunto de todos los seres del Universo creados por Dios.

Navidad: Día en el que se celebra el nacimiento de Jesús.

Nuevo Testamento: Parte de la Biblia que contiene los libros escritos después de la venida de Jesús al mundo.

Obedecer: Hacer lo que otro nos manda. Jesús nos enseñó el valor de la obediencia.

Obispo: Son los sucesores de los Apóstoles, que, bajo la autoridad del Papa, guían al pueblo de Dios, cada uno en su propia diócesis.

Ofensa: Acción de ofender a otra persona, de palabra o de obra.

Ofrecer: Entregar a otro voluntariamente una cosa. Por

ejemplo, ofrecer a Dios las obras del día.

Oración: Hablar con Dios para pedirle algo, darle gracias, etc. También se puede orar a la Virgen y a los santos.

Padrenuestro: La oración que Jesús enseñó a sus discípulos.

Papa: El sucesor del Apóstol San Pedro, como Obispo de Roma y representante de Cristo en la tierra. También se le llama Romano Pontífice y Santo Padre.

Parábola: Narraciones que usaba Jesús para hablar a sus discípulos y a la gente.

Paraíso: Lugar delicioso en el que Dios puso a Adán y Eva.

Párroco: El sacerdote que está al frente de una parroquia.

Parroquia: Iglesia que atiende espiritualmente a los fieles de una determinada zona.

Pasión: Sufrimientos que padeció Jesús desde el huerto de los olivos hasta su muerte en la cruz.

Pascua: Fiesta en la que los cristianos celebramos con júbilo la Resurrección de Jesucristo. Ese día comienza el tiempo Pascual.

Pastor: El que cuida y conduce a las ovejas. Los Pastores en la Iglesia son principalmente el Papa y los Obispos, que guían al pueblo cristiano en nombre de Jesucristo.

Patriarcas: Hombres del Antiguo Testamento que dieron origen a grandes familias.

Pecado: Desobediencia voluntaria a la Ley de Dios. (Pecado original: Aquel con el que todos nacemos, heredado de nuestros padres.)

Perdonar: Dejar de castigar una falta u ofensa. Dios nos perdona los pecados en el sacramento de la Penitencia.

Penitencia: Uno de los siete Sacramentos instituidos por Jesucristo. En él Jesús nos perdona los pecados, si le pedimos perdón.

Pentecostés: Día en que la Iglesia clausura el tiempo pascual y celebra la venida del Espíritu Santo sobre los Apóstoles.

Pobre: El que carece de lo necesario para vivir. Jesús mostró su predilección hacia los pobres.

Politeísmo: El creer en muchos dioses.

Predicar: Anunciar el Evangelio de Jesús con la palabra y con el ejemplo.

Presbítero: Es el bautizado que recibe el orden sacerdotal para ayudar al obispo en su labor pastoral (ver sacerdote).

Primogénito: El hijo nacido en primer lugar.

Profeta: Persona elegida por Dios para hablar en su nombre por estar lleno de su Espíritu. Los profetas denuncian los pecados de los hombres, invitan a la conversión y anuncian la acción salvadora de Dios. En el Antiguo Testamento anunciaron la venida del Mesías al mundo.

Prójimo: Cualquier persona respecto de otra.

Propósito (de la enmienda): Firme decisión de no volver a pecar.

Providencia: Cuidado amoroso que Dios tiene de todas sus criaturas, en especial del hombre.

Pueblo de Dios: En el Antiguo Testamento fue el pueblo de Israel. En el Nuevo Testamento, es decir, ahora, es la Iglesia.

Purgatorio: El sufrimiento de los que mueren amigos de Dios, pero aún deben purificarse de algunos pecados antes de entrar en el cielo.

Reconciliación: Vuelta a la amistad con Dios cuando nos habíamos apartado de Él por el pecado.

Redentor: Jesucristo, pues Él nos ha redimido (liberado) de nuestros pecados.

Redención: Se dice principalmente de la acción realizada por Jesucristo al ofrecer su vida en la cruz para salvarnos de nuestros pecados.

Reino de Dios: Es el Reino predicado por Jesús. Es un reino de amor, de paz, de justicia y de santidad. Este Reino está dentro de los que aman a Jesús y viven según su Evangelio; tendrá su plenitud en el cielo.

Religioso: Son hombres o mujeres que consagran toda su vida a Dios.

Revelación: Es la manifestación de una verdad oculta hecha por Dios a los hombres.

Rezar: Ver oración.

Robar: Ver hurtar.

Romano Pontífice: Ver Papa.

Rosario: Oración dirigida a la Virgen María en la que se recuerdan los principales misterios de la vida de Jesús y de María.

Sacerdote: Hombre que ha recibido la ordenación sacerdotal para dedicarse a predicar, celebrar los sacramentos, principalmente la Santa Misa, y cuidar a los fieles.

Sacramentos: Signos instituidos por Jesucristo para comunicarnos la gracia divina.

Sacrificio: Ofrecimiento a Dios de algo que nos cuesta.

Sagrado: Lo que está dedicado a Dios, bien sean personas o cosas.

Sagrada Escritura: Ver Biblia.

Sagrario: Lugar en el que se guarda la Sagrada Eucaristía.

Salvación: La que nos ha ganado Jesucristo al vencer al pecado y a la muerte y al darnos la vida eterna en el Cielo.

Salvador: Ver Jesús y Mesías.

Sanedrín: Tribunal de la máxima autoridad entre los judíos, compuesto por unos setenta ancianos.

Santo: Persona que ya está en el cielo y goza del Amor de Dios. Todos los cristianos estamos llamados a ser santos.

Santísima Trinidad: Es el mismo Dios, en quien hay tres Personas distintas: el Padre, el Hijo y el Espíritu Santo.

Semana Santa: Los días en los que se celebra la entrada triunfal de Cristo en Jerusalén (Domingo de ramos), la institución de la Eucaristía (Jueves Santo), la Pasión y Muerte del Señor (Viernes Santo) y su gloriosa Resurrección (Vigilia Pascual).

Serafín: Ángel de especial dignidad.

Sinagoga: Lugar donde se reúnen los judíos para dar culto a Dios.

Sinceridad: Decir toda la verdad.

Soberbio: El que tiene gran estima de sí mismo y desprecia a los demás.

Solidaridad: Virtud que nos lleva a sentirnos unidos a los demás y a ayudarles, en especial cuando más lo necesitan.

Templo: Ver iglesia.

Tentación: Invitación a hacer una cosa mala.

Testigo: Persona que da testimonio de una cosa que conoce bien.

Tierra Prometida: Es la que Dios prometió a Abraham y a su descendencia. En ella nació Jesús, el Salvador.

Tierra Santa: Es la tierra en la que nació y vivió Jesucristo.

Tribu: Conjunto de familias que obedecen a un mismo jefe.

Unción: Aplicar óleo bendito a una persona o cosa. Se hace especialmente en los sacramentos del Bautismo, Confirmación, Orden sacerdotal y Unción de los enfermos y altar.

Universo: Es el conjunto de todas las cosas creadas por Dios.

Vicio: Haber adquirido una mala costumbre.

Virtud: Costumbre firme de practicar el bien y evitar el mal.

Virgen María: La Madre de Jesús y nuestra Madre del cielo. Es Madre de Dios por ser Jesucristo verdadero Dios.

Vocación: Llamada que dirige Dios al hombre/mujer para que le siga.

La señal de la Santa Cruz

Por la señal de la Santa Cruz,
de nuestros enemigos, líbranos, Señor, Dios nuestro.
En el nombre del Padre, y del Hijo,
y del Espíritu Santo. Amén.

El Padrenuestro

Padre nuestro, que estás en el cielo, santificado sea
tu Nombre; venga a nosotros tu reino; hágase tu
voluntad en la tierra como en el cielo.
Danos hoy nuestro pan de cada día;
perdona nuestras ofensas como también nosotros
perdonamos a los que nos ofenden;
no nos dejes caer en tentación,
y líbranos del mal. Amén.

El Avemaría

Dios te salve, María; llena eres de gracia;
el Señor es contigo; bendita Tú eres entre todas las
mujeres, y bendito es el fruto de tu vientre, Jesús.
Santa María, Madre de Dios,
ruega por nosotros, pecadores,
ahora y en la hora de nuestra muerte. Amén.

Gloria

Gloria al Padre y al Hijo y al Espíritu Santo. Como era
en el principio, ahora y siempre, por los siglos de los
siglos. Amén.

El Credo, símbolo de los Apóstoles

Creo en Dios, Padre Todopoderoso,
Creador del cielo y de la tierra.
Creo en Jesucristo, su único Hijo, nuestro Señor;
que fue concebido por obra y gracia del Espíritu Santo,
nació de Santa María Virgen,
padeció bajo el poder de Poncio Pilato,
fue crucificado, muerto y sepultado;
descendió a los infiernos,
al tercer día resucitó de entre los muertos;
subió a los cielos y está sentado a la derecha de Dios,
Padre Todopoderoso.
Desde allí ha de venir a juzgar a vivos y muertos. Creo
en el Espíritu Santo, la Santa Iglesia Católica,
la comunión de los Santos; el perdón de los pecados;
la resurrección de la carne; y la vida eterna. Amén.

Confesión general

Yo confieso ante Dios Todopoderoso y ante vosotros,
hermanos, que he pecado mucho de pensamiento,
palabra, obra y omisión: por mi culpa, por mi culpa,
por mi gran culpa.
Por eso ruego a Santa María, siempre Virgen, a los
ángeles, a los santos y a vosotros, hermanos, que
intercedáis por mí ante Dios, nuestro Señor. Amén.

Acto de contrición general

¡Señor mío, Jesucristo!, Dios y Hombre verdadero,
Creador, Padre y Redentor mío; por ser Vos quien
sois, Bondad infinita, y porque os amo sobre todas las
cosas, me pesa de todo corazón de haberos ofendido;
también me pesa porque podéis castigarme con las
penas del infierno. Ayudado de vuestra divina gracia,
propongo firmemente nunca más pecar, confesarme y
cumplir la penitencia que me fuere impuesta. Amén.

La Salve

*Es una súplica a Santa María Reina, que lo puede todo,
pidiéndole su ayuda y protección.*

Dios te salve,
Reina y Madre de misericordia;
vida, dulzura y esperanza nuestra.
Dios te salve.
A Ti llamamos los desterrados hijos de Eva:
A Ti suspiramos, gimiendo y llorando,
en este valle de lágrimas.
Ea, pues, Señora, abogada nuestra,
vuelve a nosotros esos tus ojos misericordiosos;
y después de este destierro
muéstranos a Jesús, fruto bendito de tu vientre.
¡Oh clemente, oh piadosa,
oh dulce siempre Virgen María!
Ruega por nosotros, Santa Madre de Dios, para que
seamos dignos de alcanzar las promesas y gracias
de Nuestro Señor Jesucristo. Amén.

Bendita sea tu pureza

*Con esta oración alabas la pureza de la Virgen y le pides su
ayuda para ser limpio en pensamientos, palabras y obras.*

Bendita sea tu pureza y eternamente lo sea;
pues todo un Dios se recrea en tan graciosa belleza.
A Ti, celestial Princesa. ¡Oh, Virgen sagrada María!
Yo te ofrezco en este día
alma, vida y corazón;
mírame con compasión;
no me dejes, Madre mía,
ahora y en la última agonía, de mi muerte. Amén

Acordaos

Es una oración en la que demostramos nuestra confianza a la Virgen, nuestra Madre, y que podemos rezar por nosotros y por cualquier persona que se encuentre en una necesidad.

Acuérdate, oh piadosísima Virgen María,
que jamás se ha oído decir que ninguno de los que han acudido a tu protección,
implorando tu asistencia y reclamando tu auxilio, haya sido abandonado de Ti.
Animado con esta confianza, a Ti también acudo,
¡oh Virgen de las vírgenes!; y gimiendo bajo el peso de mis pecados, me atrevo a comparecer ante tu presencia soberana.
¡Oh Madre de Dios!, no desprecies mis súplicas; antes bien, escúchalas y acógelas benignamente. Amén.

¡Oh, Señora mía!

Esta oración te puede servir de ofrecimiento personal a la Virgen. Si quieres puedes decírsela cada día al levantarte.

¡Oh, Señora mía! ¡Oh, Madre mía!
Yo me ofrezco del todo a Ti,
y en prueba de mi filial afecto,
te consagro en este día
mis ojos, mis oídos, mi lengua, mi corazón;
en una palabra, todo mi ser.
Ya que soy todo tuyo,
Madre de bondad, guárdame y defiéndeme como cosa y posesión tuya. Amén.

A las doce, una cita con la Virgen

Es una antigua costumbre cristiana saludar todos los días a la Virgen, rezando a las doce el Angelus.

En esta oración le recordamos a la Virgen María el momento más grande de su vida: cuando el Arcángel San Gabriel le anunció que iba a ser la Madre de Dios y Ella aceptó.

El Ángel del Señor anunció a María.
Y concibió por obra del Espíritu Santo. *Avemaría.*
He aquí la esclava del Señor.
Hágase en mí según tu Palabra. *Avemaría.*
El Hijo de Dios se hizo hombre.
Y habitó entre nosotros. *Avemaría.*
Ruega por nosotros, Santa Madre de Dios.
Para que seamos dignos de alcanzar las promesas de Nuestro Señor Jesucristo. Amén.

Oración:
Derrama, Señor, tu gracia en nuestras almas para que quienes hemos conocido, por el anuncio del Ángel, la Encarnación de tu Hijo Jesucristo, por su Pasión y Cruz seamos llevados a la gloria de la Resurrección. Por Jesucristo, Nuestro Señor. Amén.

Reina del cielo

En tiempo de Pascua de Resurrección (desde el Domingo de Resurrección hasta el Domingo de Pentecostés). Es costumbre rezarle a la Virgen el "Reina del Cielo", en lugar del Ángelus, para unirnos a su alegría y a la de toda la Iglesia.

Reina del cielo, alégrate. ¡Aleluya!
Porque el Señor a quien has merecido. ¡Aleluya!
Ha resucitado, según su palabra. ¡Aleluya!
Ruega a Dios por nosotros. ¡Aleluya!
Gózate y alégrate, Virgen María. ¡Aleluya!
Porque verdaderamente ha resucitado el Señor. ¡Aleluya!

Oración:
Oh Dios, que por la Resurrección de tu Hijo, Nuestro Señor Jesucristo, has llenado el mundo de alegría, te pedimos que por medio de tu Madre la Virgen María, alcancemos el gozo de la vida eterna. Por Jesucristo, Nuestro Señor. Amén.

Oración al Ángel de la guarda

Ángel de mi guarda, dulce compañía,
no me desampares ni de noche ni de día,
hasta que me guardes en paz y alegría,
con todos los santos, Jesús, José y María.

Los Mandamientos de la Ley de Dios

Los Mandamientos de la Ley de Dios son diez:

✚ El primero, amar a Dios sobre todas las cosas.

✚ El segundo, no tomar el nombre de Dios en vano.

✚ El tercero, santificar las fiestas.

✚ El cuarto, honrar padre y madre.

✚ El quinto, no matar.

✚ El sexto, no cometer actos impuros.

✚ El séptimo, no robar.

✚ El octavo, no decir falso testimonio ni mentir.

✚ El noveno, no consentir pensamientos ni deseos impuros.

✚ El décimo, no codiciar los bienes ajenos.

Estos diez mandamientos se resumen en dos: Amar a Dios sobre todas las cosas, y al prójimo como a ti mismo.

Los Mandamientos de la Iglesia

Los mandamientos más generales de la Santa Madre Iglesia son cinco:

➕ El primero, oír Misa entera todos los domingos y fiestas de guardar.

➕ El segundo, confesar los pecados mortales al menos una vez al año y en peligro de muerte y si se ha de comulgar.

➕ El tercero, comulgar por Pascua de Resurrección.

➕ El cuarto, ayunar y abstenerse de comer carne cuando lo manda la Santa Madre Iglesia.

➕ El quinto, ayudar a la Iglesia en sus necesidades.

El Mandamiento de Jesús

Dice Jesús:
"Un mandamiento nuevo os doy: que os améis unos a otros como yo os he amado. En esto conocerán todos que sois mis discípulos: si os améis unos a otros"
(Jn 13, 34-35).

Las Bienaventuranzas

➕ Bienaventurados los pobres de espíritu, porque de ellos es el Reino de los Cielos.

➕ Bienaventurados los mansos, porque ellos poseerán la Tierra.

➕ Bienaventurados los que lloran, porque ellos serán consolados.

➕ Bienaventurados los que tienen hambre y sed de justicia, porque ellos serán hartos.

➕ Bienaventurados los misericordiosos, porque ellos alcanzarán misericordia.

➕ Bienaventurados los limpios de corazón, porque ellos verán a Dios.

➕ Bienaventurados los pacíficos, porque ellos serán llamados hijos de Dios.

➕ Bienaventurados los que padecen persecución a causa de la justicia, porque de ellos es el Reino de los Cielos.

✚ Rito inicial

En señal de respeto, recibimos al sacerdote de pie. Se canta o se recita el canto de entrada mientras el Celebrante se acerca primero al altar, lo besa y después se dirige a la sede.

Sacerdote: En el nombre del Padre y del Hijo y del Espíritu Santo.
Todos: Amén.

El sacerdote nos saluda.

S. La gracia de nuestro Señor Jesucristo, el amor del Padre y la comunión del Espíritu Santo estén con todos vosotros.
T. Y con tu espíritu.

✚ Acto penitencial

S. Hermanos, antes de celebrar los sagrados misterios, reconozcamos nuestros pecados.

Breve pausa en silencio para recordar nuestros pecados y pedir perdón al Señor.

T. Yo confieso, ante Dios todopoderoso y ante vosotros, hermanos, que he pecado mucho de pensamiento, palabra, obra y omisión. Por mi culpa, por mi culpa, por mi gran culpa. Por eso ruego a santa María, siempre Virgen, a los ángeles, a los santos y a vosotros hermanos, que intercedáis por mí ante Dios, nuestro Señor.

S. Dios todopoderoso tenga misericordia de nosotros, perdone nuestros pecados y nos lleva a la Vida eterna.
T. Amén.

✚ Señor, ten piedad

S. Señor, ten piedad.
T. Señor, ten piedad.

S. Cristo, ten piedad.
T. Cristo, ten piedad.

S. Señor, ten piedad.
T. Señor, ten piedad.

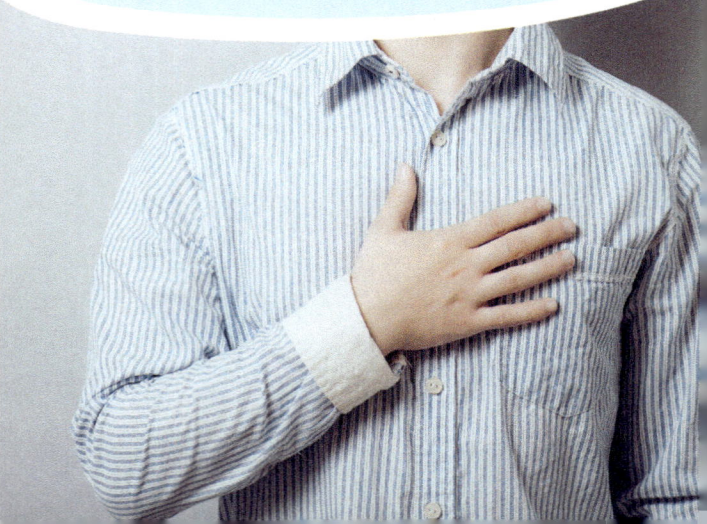

✚ Gloria

El Gloria es un canto de alabanza a Dios Padre, a Dios Hijo y a Dios Espíritu Santo.

T: Gloria a Dios en el Cielo, y en la tierra
paz a los hombres que ama el Señor.
Por tu inmensa gloria te alabamos,
te bendecimos, te adoramos,
te glorificamos, te damos gracias,
Señor Dios, Rey celestial,
Dios Padre todopoderoso.
Señor, Hijo único, Jesucristo.
Señor Dios, Cordero de Dios,
Hijo del Padre:
Tú que quitas el pecado del mundo,
ten piedad de nosotros;
Tú que quitas el pecado del mundo,
atiende nuestra súplica;
Tú que estás sentado a la derecha
del Padre, ten piedad de nosotros;
porque sólo Tú eres Santo, sólo Tú Señor,
sólo Tú Altísimo, Jesucristo,
con el Espíritu Santo
en la gloria de Dios Padre.
Amén.

✚ Liturgia de la palabra

En esta parte de la Misa escuchamos la Palabra de Dios escrita en la Biblia para recibirla en el corazón.

Primera lectura

La primera lectura es un fragmento del Antiguo Testamento.

El lector termina diciendo: Palabra de Dios.

T. Te alabarnos, Señor.

Salmo responsorial

Segunda lectura

Suele ser un pasaje de las cartas que los apóstoles escribieron a los primeros cristianos y, por lo tanto, también a nosotros.

El lector termina diciendo: Palabra de Dios.

T. Te alabarnos, Señor.

✚ Evangelio

Nos ponemos de pie para cantar el Aleluya y nos disponemos a escuchar el Evangelio. Durante la lectura ponemos mucha atención, imaginamos la escena que estamos escuchando, como si estuvieras allí, cerca de Jesús.

S. El Señor esté con vosotros.
T. Y con tu espíritu.

S. Lectura del santo Evangelio según...
T. Gloria a ti, Señor.

Después de la lectura del Evangelio.

S. Palabra del Señor.
T. Gloria a ti, Señor Jesús.

✚ Homilía

Después el sacerdote pronuncia la Homilía. Nos sentamos para escuchar al sacerdote que nos va a ayudar a entender las lecturas y nos va a animar a poner en práctica la Palabra de Dios.

✚ Profesión de fe

T. Creo en Dios, Padre todopoderoso, Creador del cielo y de la tierra.
Creo en Jesucristo, su único Hijo, nuestro Señor, que fue concebido por obra y gracia del Espíritu Santo, nació de santa María Virgen, padeció bajo el poder de Poncio Pilato, fue crucificado, muerto y sepultado, descendió a los infiernos, al tercer día resucitó de entre los muertos, subió a los cielos y está sentado a la derecha de Dios, Padre todopoderoso.
Desde allí ha de venir a juzgar a vivos y muertos. Creo en el Espíritu Santo, la santa Iglesia católica, la comunión de los santos, el perdón de los pecados, la resurrección de la carne y la vida eterna. Amén.

✚ Oración de los fieles

En ella, unidos al sacerdote, pedimos por la Santa Iglesia y el Romano Pontífice, e imploramos a Dios que derrame sus bendiciones sobre todos los hombres, en especial sobre quienes más lo necesitan.

A cada invocación respondemos:

T. Te rogamos, óyenos.

✚ Presentación de las ofrendas

El sacerdote ofrece el pan y el vino que se convertirán en el Cuerpo y Sangre de Cristo. Pon tu vida en la patena y ofrécela a Dios como un regalo que Él santifica. "Jesús, te ofrezco toda mi vida"

S. Bendito seas, Señor, Dios del universo, por este pan... él será para nosotros pan de vida.
T. Bendito seas por siempre, Señor.

S. Bendito seas, Señor, Dios del universo, por este vino... él será para nosotros bebida de salvación.
T. Bendito seas por siempre, Señor.
Invitación a la oración.

El sacerdote pide a Dios que acepte nuestros dones.

S. Orad, hermanos, para que este sacrificio, mío y vuestro, sea agradable a Dios, Padre todopoderoso.
T. El Señor reciba de tus manos este sacrificio, para alabanza y gloria de su nombre, para nuestro bien y el de toda su santa Iglesia.

Oración del sacerdote.

✚ Invitación a la oración

El sacerdote pide a Dios que acepte nuestros dones.

S. Orad hermanos, para que este sacrificio, mío y vuestro, sea agradable a Dios, Padre todopoderoso.
T. *El Señor reciba de tus manos este sacrificio. Para alabanza y gloria de su nombre, para nuestro bien, y el de toda su santa Iglesia.*

✚ Plegaria eucarística

Comienza la parte más importante de la Misa.

S. El Señor esté con vosotros.
T. Y con tu espíritu.

S. Levantemos el corazón.
T. Lo tenemos levantado hacia el Señor.

S. Demos gracias al Señor, nuestro Dios.
T. Es justo y necesario.

S. Por ese amor tan grande queremos darte gracias y cantarte con los ángeles y los santos que te adoran en el cielo:
T. Santo, Santo, Santo es el Señor, Dios del Universo. Llenos están el cielo y la tierra de tu gloria. Hosanna en el cielo. Bendito el que viene en nombre del Señor. Hosanna en el cielo.

✚ Consagración

El sacerdote extiende las manos sobre el pan y el vino, traza sobre ellos la Señal de la Cruz y pide la acción del Espíritu Santo. El sacerdote recuerda los gestos de Jesús en la Última Cena: "Tomó pan, y dando gracias, lo partió y lo dio a sus discípulos [...]"

S. Tomad y comed todos de él, porque esto es mi Cuerpo que será entregado por vosotros.

Y lo alza para que lo adoremos.
Después hace lo mismo con el cáliz:

S. Tomad y bebed todos de él, porque este es el cáliz de mi Sangre [...] que será derramada por vosotros y por muchos para el perdón de los pecados. Haced esto en conmemoración mía.

S. Este es el Sacramento de nuestra fe.
T. Anunciamos tu muerte proclamamos tu resurrección. ¡Ven Señor Jesús!

Ofrecimiento del sacrificio, invocación al Espíritu Santo e intercesiones.

S. Por Cristo, con Él y en Él...
T. Amén.

Nos preparamos a la comunión rezando el Padre Nuestro. Recuerda que esta oración nos la enseñó Jesús. Rézala con toda devoción y pensando en las peticiones que tiene para ti.

S. Fieles a la recomendación del Salvador y siguiendo su divina enseñanza nos atrevemos a decir:

T. Padre nuestro, que estás en el cielo, santificado sea tu nombre, venga a nosotros tu reino, hágase tu voluntad en la tierra como en el cielo. Danos hoy nuestro pan de cada día; perdona nuestras ofensas, como también nosotros perdonamos a los que nos ofenden; no nos dejes caer en la tentación y líbranos del mal.

S. ...mientras esperamos la gloriosa venida de nuestros salvador Jesucristo.

T. Tuyo es el reino, tuyo el poder y la gloria, por siempre, Señor.

✚ Rito de la paz

S. La paz del Señor esté siempre con vosotros.
T. Y con tu espíritu.
S. Daos fraternalmente la paz.

Todos se dan la paz. En este saludo manifestamos que somos hermanos porque somos hijos de Dios y nos comprometemos a tratar a los demás con cariño, amabilidad, respeto, a no pelear y a trabajar porque reine la paz entre los hombres.

✚ Fracción del pan

T. Cordero de Dios, que quitas el pecado del mundo,
ten piedad de nosotros.
Cordero de Dios, que quitas el pecado del mundo,
ten piedad de nosotros.
Cordero de Dios, que quitas el pecado del mundo, danos la paz.

✚ Comunión

S. Este es el Cordero de Dios que quita los pecados del mundo. Dichosos los invitados a la cena del Señor.
T. Señor, no soy digno de que entres en mi casa, pero una palabra tuya bastará para sanarme.

Ahora con mucho cariño y respeto te acercas a recibir a Jesús. Mientras esperas a recibirlo, piensa en el enorme amor que Jesús te tiene, que quiso quedarse para estar siempre con nosotros, que se convirtió en Pan de Vida para que pudiéramos unirnos a Él.

Oración del sacerdote dando gracias.

✚ Rito de conclusión

El sacerdote saluda, despide y bendice en nombre de Dios.

S. El Señor esté con vosotros.
T. Y con tu espíritu.

S.: La bendición de Dios todopoderoso, Padre, Hijo y Espíritu Santo, descienda sobre vosotros.
T. Amén.

S. Podéis ir en paz.
T. Demos gracias a Dios.

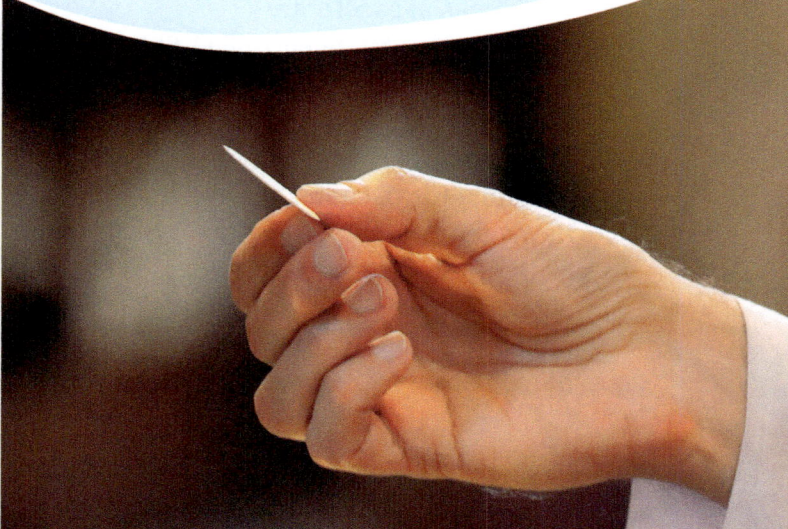

¿CÓMO HACER UNA BUENA CONFESIÓN?

✛ ¿Qué es el sacramento de la Penitencia?

El Sacramento de la Penitencia (también llamado de la Confesión o Sacramento del perdón) es un "encuentro con Jesús". Él mismo nos perdona los pecados, y lo hace por medio del sacerdote.

En este Sacramento Jesús nos perdona los pecados cometidos después del Bautismo. El pecado es toda desobediencia a la Ley de Dios (tanto de los Diez Mandamientos de la Ley de Dios y de la Iglesia como del Mandamiento del Amor que nos ha dado Jesús).

Los pecados pueden ser graves (o pecado motal) o leves (pecado venial). Los pecados veniales desagradan a Dios y a los demás pero el alma no se aparta totalmente de Dios (sentir pereza, una mentira sin mucha importancia, tener envidias pequeñas de otra persona, etc.). Pecado mortal es el que nos aparta totalmente de Dios y nos impide recibir a Jesús en la Comunión sin previa Confesión del mismo.

✛ ¿Cómo confesarse bien?

Para confesarse bien hacen falta cinco cosas:
1. Examen de conciencia.
2. Dolor de los pecados.
3. Propósito de la enmienda.
4. Decir los pecados al confesor (a Jesús).
5. Cumplir la penitencia.

Oración para antes de la Confesión:
Jesús: me duele mucho haber sido malo. Te pido perdón porque te he ofendido. Ayúdame a reconocer mis pecados y a confesarlos al sacerdote, sin ocultar ninguno. Y dame tu gracia para ser mejor en adelante. Amén.

Conviene aprender la oración "Yo confieso"; y el Acto de contrición llamado "Señor mío, Jesucristo".

Oración para obtener el dolor de los pecados:
Señor, dame un corazón humilde y sincero para reconocer mis pecados y para pedirte perdón por todos ellos. Amén.
Puedes rezar la oración "Señor mío, Jesucristo".

✛ Modo de confesarte:

- Te acercas al sacerdote.
- Le dices: "*Ave María Purísima*". Él te contestará: "*Sin pecado concebida*".
- Di cuándo fue tu última confesión (o si es la primera).
- Cuéntale tus pecados. Y avísale cuando hayas terminado.
- El sacerdote te escucha y te dará algunos consejos. Te pondrá una pequeña penitencia y por ultimo te dará la absolución: "*Yo te absuelvo de tus pecados, en el nombre del Padre, y del Hijo, y del Espíritu Santo*".
- Y respondes: *Amén.*

Oración para después de la Confesión:
Gracias, Jesús, porque me has perdonado. Ayúdame a luchar para ser mejor en adelante y agradarte así más a Ti y a mis padres. Amén.

Y no te olvides de CUMPLIR LA PENITENCIA.

✚ Examen de conciencia para hacer una buena confesión

Oración previa:

Jesús, quiero que me ayudes a conocer bien todos mis pecados. Te pido que ilumines mi alma y me des plena sinceridad para reconocer todo aquello en lo que te he ofendido. Amén.

Examen de conciencia:

Amarás a Dios sobre todas las cosas...
- ¿Creo todo lo que Dios ha revelado y nos enseña la Iglesia Católica? ¿Niego o he negado algunas verdades de la fe católica?
- ¿He recibido al Señor en la Sagrada Comunión teniendo algún pecado grave en mi conciencia? ¿He callado en la confesión por vergüenza algún pecado mortal?
- ¿He blasfemado? ¿He jurado sin necesidad o sin verdad?
- ¿He faltado a Misa los domingos o días festivos sin tener un impedimento serio? ¿He cumplido los días de ayuno y abstinencia?

... Y al prójimo como a ti mismo.
- ¿Respeto la vida humana?
- ¿Deseo el bien a los demás, o albergo rencores y realizo juicios injustos sobre los demás? ¿He sido violento verbal o físicamente? ¿He dado mal ejemplo a las personas que me rodean?
- ¿Cuido mi salud? ¿He tomado alcohol en exceso? ¿He tomado drogas? ¿He arriesgado mi vida injustificadamente?
- ¿He mirado vídeos, páginas pornográficas, espectáculos obscenos? ¿He sido causa de que otros pecasen por mi conversación, mi modo de vestir o prestando algún vídeo o revista porno?
- ¿Vivo la castidad? ¿He cometido actos impuros conmigo mismo o con otras personas? ¿He consentido pensamientos, deseos o sensaciones impuras?

- ¿He tomado dinero o cosas que no son mías? ¿En su caso, he restituido o reparado?
- ¿Procuro cumplir con mis deberes de estudiante? ¿Soy honrado y justo en el cumplimiento de mis deberes profesionales? ¿He engañado a otros: cobrando más de lo debido, ofreciendo un servicio defectuoso?
- ¿He gastado dinero para mi comodidad o lujo personal olvidando mis responsabilidades hacia otros y hacia la Iglesia?
- ¿He ayudado a personas pobres o necesitadas o las he desatendido? ¿Practico el desprendimiento de los bienes materiales? ¿Doy limosna? ¿Cumplo con mis deberes de ciudadano?
- ¿He dicho mentiras? ¿He reparado el daño que haya podido causar? ¿He descubierto, sin causa justa, defectos graves de otras personas? ¿He hablado o pensado mal de otros? ¿He calumniado a otros o he murmurado?

Catequesis
de Orientación
Catecumenal

JUNIOR